João Beauclair

ENSINAR É ACREDITAR

Rio de Janeiro, 2008

© 2008 by João Beuaclair

Gerente Editorial: Alan Kardec Pereira
Editor: Waldir Pedro
Revisão Gramatical: Lucíola Medeiros Brasil
Capa e Projeto Gráfico: Equipe 2ébom Design

Dados Internacionais de Catalogação na Publicação (CIP)

B352e

beauclair, João
    Ensinar é acreditar/ João Beauclair. - Rio de Janeiro: Wak Ed., 2008.

104p.: 21cm

Inclui bibliografia
ISBN 978-85-88081-88-8

1. Psicologia educacional. 2. Psicologia da aprendizagem. 3. Prática de ensino. I. Título. II. Série

08-0294.   CDD 370.15   CDU 37.015.3

2008
Direitos desta edição reservados à Wak Editora
Proibida a reprodução total e parcial.
Os infratores serão processados na forma da lei.

WAK EDITORA
Av. N. Sra. de Copacabana 945 – sala 103 – Copacabana
Rio de Janeiro – CEP 22060-001 – RJ
Tels.: (21) 3208-6095 e 3208-6113 – Fax (21) 3208-3918
wakeditora@uol.com.br
www.wakeditora.com.br

SUMÁRIO

Apresentação 05
Prefácio 07
Introdução 11
PARTE I: Ensinar no século XXI: desafios aos que ensinam 15
PARTE II: Educar aliando teorias e práticas 29
PARTE III: Educar reconstruindo 35
PARTE IV: Educar promovendo a autoria de pensamento 41
PARTE V: Educar pela pergunta 55
PARTE VI: Educar pela aprendizagem significativa 67
PARTE VII: Educar pela emancipação humana 81
Enredando Idéias 85
Posfácio. Regina Rosa dos Santos Leal 87
Relações de palestras 89
Referências: Livros para ensinar algo mais aos *ensinantes do presente* 93
Websitegrafia 101

Apresentação: Celso Antunes[1]

A vida de um Educador que viaja o tempo todo garante certeza de noites não dormidas, refeições mal concluídas, quilômetros e mais quilômetros engolidos nesse arfante de lá para cá, em país assim tão imenso. Mas, não pense que apenas o cansaço nos aguarda nesse doce caminhar.

Não há preço que supere a alegria de dividir o que se aprendeu, de se aprender o que não se sabe e de olhar a Educação neste País com a visão realista de quem a percebe nos grandes e nos pequenos centros, nas belas instalações de escolas particulares em metrópoles e, também, em singelas choupanas de lugares que se denominam escolas, mais pela intenção que abrigam do que pelas instalações que oferecem.

Ser educador viajante, por favor, acreditem, é missão fantástica de surpresas, alegrias e descobertas, mesmo que se imponham pequenos e superáveis sacrifícios.

Mas, não apenas por esses motivos, é fascinante essa vida deste ensinante desterrado, pois foi em um desses caminhos em que descobri o João Beauclair, soube de seu trabalho e aprendi com suas obras. Logo ao conhecê-lo, lamentei que esse encontro não

---

[1] Celso Antunes é Bacharel e licenciado em Geografia pela Universidade de São Paulo, Especialista em Inteligência e Cognição, Mestre em Ciências Humanas. Membro da Associação Internacional pelos Direitos da Criança Brincar (UNESCO). Como conferencista e palestrante, têm participado de Simpósios, Congressos e Seminários ministrados na Europa, América Latina e, sobretudo, no Brasil onde já percorreu com essa missão todos os Estados da federação e bem mais de 300 municípios diferentes.

Home page: http://www.celsoantunes.com.br *E-mail:* celsoa@celsoantunes.com.br

se tivesse dado antes, pois quem há mais tempo o conhece, por certo, há bem mais tempo aprendeu.

É por essa razão que fico eufórico em saudar e recomendar mais este livro de João Beauclair: "*Ensinantes do presente. Vol. I – Ensinar é acreditar*". Bem sei que nem todos os educadores desta terra têm a alegria, que confesso, de viajar por todo canto e conhecer gente com todo encanto, mas todo educador sério e sincero pode, por meio desta obra, conhecer este amigo, psicopedagogo, educador e autor que, com alegria e lisonja, tenho a satisfação de o recomendar.

São Paulo, agosto de 2007.
Prof. Celso Antunes

Prefácio: Jane Patrícia Haddad[2]

"A verdade de outra pessoa não está no que ela te revela, mas naquilo que não pode revelar-te. Portanto, se quiseres compreendê-la, não escutes o que ela diz, mas antes, o que não diz."
Khalil Gibran

É com muito prazer que escrevo este prefácio para *Ensinantes do Presente volume I – Ensinar é acreditar*, produto de muito investimento e estudo do meu querido amigo João Beauclair que, com seu olhar atento e mediador, tem contribuído de forma tão significativa com suas reflexões para a Educação e a Psicopedagogia.

É evidente que não há regras nem muitas palavras que possam descrever a atuação brilhante deste profissional no nosso meio. Ao mesmo tempo em que nos apresenta com clareza seus objetivos e suas intervenções, João nos mostra também que é possível manter a sensibilidade e a flexibilidade para olhar (vendo), e não negar (não vendo), as mudanças do mundo e suas novas configurações. Olhar vai muito além do ver!

Para ser um *Ensinante do presente*, em pleno século XXI, é preciso saber sonhar, acreditar, praticar, renovar e, principalmente, responsabilizar-se por sua prática e sua escolha, talvez o maior desafio para o tão desconhecido caminhar para o futuro. De uma forma tocante, João nos conduz a entender que o momento é de ressignificar o presente para que

---

[2] Jane Patrícia Haddad é Pedagoga, Psicopedagoga, Psicanalista e Especialista em Docência do Ensino Superior. Escritora e Palestrante sobre temas educacionais e psicopedagógicos. *Home page*: http://www.janehaddad.com.br

nele possamos (re)conhecer nossos aprendentes verdadeiros e reais, cada um como um sujeito único, com suas habilidades e competências específicas: é o "ler" nas entrelinhas de cada um.

Para nós, educadores, fica cada vez mais claro que nenhuma educação pode ser entendida fora de seu contexto institucional, social e político. É preciso sempre considerar o momento histórico e a história de cada sujeito, pois a Educação é o reflexo do momento em que vivemos, onde todos nós buscamos fora de nós mesmos os responsáveis pelo mal-estar que paira sobre o ato de educar e, principalmente, do Ser Humano. O momento é de sair do tão conhecido lugar da queixa e agir.

Devemos deixar a globalização nos fazer "acreditar" que as diferenças devem ser vistas como problemas, patologias, anomalias, rótulos, enquanto que o mundo nos desafia diariamente a repensar o nosso lugar de sujeito e não de sujeito-objeto?

Por meio desta obra belíssima, João Beauclair, de uma forma muito coerente, proporciona-nos excelentes momentos de reflexão, onde podemos confrontar nossas fundamentações teóricas com nossas práticas cotidianas, para que assim seja possível nos responsabilizarmos pela escolha de sermos "*ensinantes do presente*", a fim de viabilizar, pela transferência afetiva (*ensinante-aprendente-informação*), um verdadeiro sentido e desejo ao ato humano de aprender.

Acredito que trazer a idéia de competências e habilidades para dentro da sala de aula significa estarmos falando e pensando no *aprendente-sujeito*. Este livro focaliza um momento, um ponto de partida, um início para todos aqueles sujeitos que, de alguma forma, partilham crenças como este ousado projeto de João Beauclair, onde mais uma vez ele nos prova ser um autor-poeta. Com suas palavras, somos chamados a refletir, interagir e, por meio desta belíssima leitura, rever de uma forma poética e verdadeira nossas práticas e, assim, fazer do nosso caminho um novo começo.

Parabéns, meu amigo Beauclair, por mais esta obra-prima! E que venham os novos volumes do projeto!

Aos leitores, uma excelente leitura!

"A mente que se abre a uma nova idéia jamais volta ao seu tamanho original."
Albert Einstein

Jane Patrícia Haddad
Belo Horizonte, julho de 2007.

Introdução

Ensinantes do presente é uma obra-convite. Convite à reflexão, à ação e à revisão de nossos olhares sobre educação e aprendizagem.

Este é o primeiro volume: ***Ensinar é acreditar***. Os seguintes serão:

Ensinantes do presente Volume II: Ensinar é aprender.
Ensinantes do presente Volume III: Ensinar é compartilhar utopias.
Ensinantes do presente Volume IV: Ensinar em uma perspectiva humanística.
Ensinantes do presente Volume V: Ensinar é ter um projeto de vida.

É uma obra para ser lida de modo aberto e com a expectativa de uma conversa, um diálogo, tal qual, já faz algum tempo, participo em oficinas, cursos, aulas e em diversos eventos nacionais e internacionais sobre Educação e Psicopedagogia.

O seu formato foi pensado de modo que facilite este diálogo, e cada espaço "em branco" servirá ao exercício da escrita de cada possível leitor, em uma perspectiva de fazer valer os processos de ***autoria de pensamento***, tema que tenho dedicado especial e carinhosa atenção ao longo dos últimos anos como conferencista, palestrante, pesquisador, escritor, autor e ***ensinante*** em cursos de pós-graduação em Educação e Psicopedagogia de diferentes instituições educacionais brasileiras.

Esta é uma obra-convite, imaginada no corpo e na mente de quem ama o trabalho que faz com aprendizagem e que busca conjugar, sempre e cada vez mais e melhor, o verbo ***compartilhar***. O meu desejo é que ela seja de serventia, para os que atuam como formadores de pessoas, independentemente do *espaçotempo* onde exerçam este ofício, a revisão de olhares, de práticas e condutas.

Para continuar esta *tecelagem*, disponibilizo-me ao intercâmbio e à alegria de fazer novas amizades com quem se interessa por tão interessante tema: ***aprendizagem humana.***

Saúde e paz para tod@s!

Prof. João Beauclair
Arte-educador, Psicopedagogo, Mestre em Educação.
joaobeauclair@yahoo.com.br
Visite minha *home page* e faça contato!
www.profjoaobeauclair.net

"Não se trata apenas de "ir em frente", voltado para o futuro, mas de mergulhar nas profundezas, transpor o abismo, enlaçar finalmente a luz que nos espera: a estrela da manhã. Estrela da manhã: consciência nua daquele que era – daquele que É...
O mesmo ontem, hoje, amanhã.
Quando "Isso" acontece conosco, recebe o nome "Aquele que chega", "Aquilo que chega" e que tem um sabor de fonte sempre nova e sempre presente. O passado, o presente e o futuro do homem circulam entre um alfa e um ômega que imaginaremos cada vez mais inteligivelmente, com transdisciplinaridade, ou seja, com o respeito devido a uma origem e a um fim que podemos alcançar somente onde elas nos escapam (...). O futuro está onde se começa."

Jean Yves Leloup em
O homem do futuro, um Ser em construção.

PARTE I

Ensinar no século XXI: desafios aos que ensinam

Não são poucos os desafios que enfrentamos com o ato humano de ensinar no século XXI. Convivemos, cada vez mais, com paradoxos e situações inusitadas, que nos levam à busca permanente de construirmos alternativas e estratégias para desempenharmos nosso ofício de ensinar.

Nosso século, marcado por tantos dilemas já em seus anos iniciais, apresenta um mundo em movimento de renovação de idéias e nos vemos, mais uma vez, com o desafio de construirmos projetos de futuro, vistas todas as ameaças que pairam sobre nosso planeta.

Apesar de todos os avanços científicos e tecnológicos, em diferentes aspectos, a vida está ameaçada e urge criarmos um novo modo de pensar nossas relações com a Terra e com todos os seres nela viventes. Caso permaneça do modo como se apresenta, estamos fadados ao desaparecimento e à destruição. ***Educar ensinando para o presente é colaborar, de modo relevante, para novos modos de ser e estar no mundo***, ganhando competências e habilidades novas, que possam servir de instrumentos para nossa compreensão das muitas mudanças e transformações de nossa época.[3]

Mudanças estas conceituais, nas áreas política, econômica e social, presentes nos processos de neoliberalismo e globalização: pós-modernidade e sociedade virtual, sociedade do conhecimento e sociedade aprendente, direitos e valores humanos, ecologia e movimentos sociais, inclusão e sociedade inclusiva, todas estas expressões das necessidades, dos desejos e dos sonhos de muitos viventes de nosso tempo e que, de acordo com o olhar e o enfoque de cada um de nós, possibilitam leituras diversificadas e posturas diferentes.

As complexas realidades sociais deste nosso tempo e os contextos por elas gerados estimulam nosso caminhar educativo, com o intuito de construir uma prática pedagógica que se preocupe com a democracia, com a cultura dos direitos humanos e com a construção de uma educação que seja colaboradora para o surgimento de um novo tempo, de uma outra era. Por isso, este primeiro volume de nossa obra possui o subtítulo *Ensinar é acreditar*.

Ensinar é acreditar, *pois* se trata de uma **Pedagogia articuladora** onde as diferentes dimensões do humano ganham espaço de trabalho. Trabalho este que afeta as atitudes, as mentalidades, os processos sociais e suas práticas, enfim, onde seja possível pensar, agir e refletir, dialética e dialogicamente, sobre:

---

[3] Sobre competências e habilidades, conferir: BEAUCLAIR, João. Psicopedagogia: trabalhando competências, criando habilidades. Coleção Olhar Psicopedagógico, Editora WAK, Rio de Janeiro, 2004 (segunda edição, 2006).

Diversidade	**Igualdade**
Política	**Cultura**
Estruturas	**Existência humana**
Instituições	**Condutas**
Ética	**Educação**

Antes de seguirmos adiante e para iniciar nosso percurso de "co-autoria", caríssimas leitoras e caríssimos leitores, que tal darmos uma parada neste nosso diálogo e trabalharmos com a construção desta "nossa obra"?

A proposta é a seguinte: escolha pelo menos três das palavras acima referendadas e, após fazer isso, relacione para cada uma outras que lhe venham a mente ao fazer tal leitura (pelo menos cinco outras).

A seguir, busque-as em um bom dicionário e escreva nos espaços abaixo as definições que considere pertinente a cada uma delas. Feito isto, escreva pelo menos três parágrafos, nos quais seja possível observar uma articulação entre estes e as *palavras-conceitos*, pensando, obviamente, nos *desafios de ensinar no século XXI*.

Depois de concluída esta etapa, siga adiante. O espaço com linhas nas três páginas seguintes deve ser utilizado para tal.

18 ENSINANTES DO PRESENTE
VOLUME I

ENSINAR É ACREDITAR
JOÃO BEAUCLAIR

19

Como você se sentiu ao fazer tal tarefa? Foi uma experiência interessante? Penso que sim.

Esta atividade serve para ilustrar que nós podemos e devemos promover **a educação pela pesquisa.**

Caso desejássemos ir além do que fizemos, poderia ter sugerido, por exemplo, uma busca por estes temas em enciclopédias, em livros, em *sites* na *web*, ou ainda, poderia ter proposto trabalhos de produção textual em grupos virtuais de discussão, prática riquíssima que tenho exercido como *ensinante* em cursos de pós-graduação e como autor e tutor em cursos virtuais de atualização pedagógica.

Ensinar é acreditar. E ensinar no século XXI é educar pela pesquisa, é promover espaços de diálogos entre o já constituído e o que precisa ser construído (ou reconstruído). De acordo com Demo (2000), educar pela pesquisa é desenvolvermos o questionamento reconstrutivo, essencial à prática educativa que deve estar sempre a serviço da emancipação humana.[4]

---

[4] DEMO, Pedro. Educar pela pesquisa e construção do conhecimento. Campinas: Editora Autores Associados, 2000.

O diagrama acima ilustra meu movimento de pensar sobre as idéias do autor citado, com minhas próprias questões e adaptações. Adiante, trabalharemos com cada item citado. E, depois, uma nova atividade será proposta.

Antes disso...

Uma observação interessante surge aqui: O que é ensinar? É o mesmo que educar? Se ensinar no século XXI é educar pela pesquisa, é promover espaços de diálogos, como já citei acima, educar é ir além do ensinar. ***Ensinar é acreditar*** e educar também. Entre o já constituído e o que precisa ser construído (ou reconstruído), existe um espaço de revisão de modelos, de reconfiguração de paradigmas.[5]

Modelos educativos que foram colocados em prática tempos atrás não conseguem mais dar conta da complexidade presente no ato de ensinar e de educar na atualidade. Necessário se faz não perdermos as dimensões do tempo presente, mas é essencial um permanente estudo das teorias e da própria história da Pedagogia, sendo fundamental neste processo ler e reler, estudar mesmo, de modo permanente, pensadores importantes da nossa evolução histórica.

Minha prática docente, em diferentes níveis, desde a educação básica até os cursos de pós-graduação, sempre me ensinou coisas importantes. Certa vez, em uma escola na qual atuava como professor de História, a fala de uma professora me deixou reflexivo.

Em uma reunião pedagógica, ela disse para que todos ouvissem: *"Eu não sou paga para educar. Minha tarefa aqui é ensinar Língua Portuguesa. Educação deve vir de casa"*. De certa forma, esta minha colega de trabalho tinha razão: sua função era ensinar Língua Portuguesa. Para isso, estudou, fez concurso público, passou e aceitou ir para aquela escola. Opção própria? Não sei, mas isso não é o mais importante. A sua afirmativa faz algum sentido quando separamos uma coisa de outra, ou seja, o educar do ensinar.

Entretanto, hoje, no nosso século XXI – este século ainda uma *"criança em fase de alfabetização"* –, a família se configura de outra forma, e a função social da escola está para além do ensinar pura e simplesmente Língua Portuguesa, ou outra disciplina que seja.

Hoje, a escola como um todo, seja ela pública ou não, é um privilegiado espaço para os movimentos de socialização e de relações interpessoais: a escola é hoje um imenso

---

[5] Sobre esta questão, conferir: BEAUCLAIR, João. Novos paradigmas e Educação: "recortes" psicopedagógicos. Disponível em www.profjoaobeauclair.net

projeto de emancipação humana, pois seu cotidiano é elemento essencial para a mudança da realidade.

Ensinar é educar porque hoje são outros os tempos (e espaços também). Sempre brinco com quem me ouve em diferentes momentos falando/interagindo com as temáticas **educação e aprendizagem** que não podemos ser nostálgicos, com a famosa frase *"no meu tempo, não era assim"*, ou ainda o lamento, *"ai que saudades do meu tempo"*. Pense comigo: a não ser que tenhamos morrido, o nosso tempo é o agora. Concorda?

E uma outra frase, quase um provérbio popular, "quem vive de passado é museu" ilustra bem isso, não é verdade? Na nossa evolução, é claro que validamos todo o processo histórico: nosso passado nos trouxe até aqui. Do passado, herdamos a vida como ela se configura hoje, mas, para termos esta consciência, é preciso ensinar e educar pela pesquisa.

Ensinar é educar quando educamos com ênfase na pesquisa e no desenvolvimento do questionamento reconstrutivo, na prática pedagógica que, enquanto prática educativa, esteja preocupada com a inclusão de todos no processo de fazer parte dos avanços da humanidade, sentindo-se, todos, sujeitos-autores de suas trajetórias e capazes de dar suas parcelas significativas de contribuição.

Para tanto, trabalho a fazer não nos falta.

Para tanto, lutas e batalhas a travar também não.

Mas é preciso renovar nossas forças, lançar novos vôos, caminhar deixando que a alegria de ensinar e educar contagie nossas vidas e supere nossos cansaços de tantas injustiças, exclusões e infelicidades. ***Ensinar é acreditar***, pois é, na nossa postura como ensinante do presente, que podemos exercer nossa importante função social e auxiliar o trabalho de superação da desigualdade e da ignorância, em prol de um mundo mais justo, igualitário e inclusivo.

E, neste trabalho, urge pensarmos, então, cada item que surgiu em nosso gráfico. Vamos juntos continuar este movimento de refletir e pensar?

Primeiro, de acordo com suas vivências, responda às questões abaixo, levando em consideração seu pensamento, suas crenças e experiências. Depois, siga adiante:

Como pode ser possível educar aliando teorias e práticas?

_____
_____
_____
_____

De que modo o ensinante de hoje pode educar reconstruindo?

_____
_____
_____

Promover a autoria de pensamento faz parte de sua cotidianidade nos espaços e tempos? Você possui algum tipo de inserção? Como você faz isso?

_____
_____
_____
_____

Educar pela pergunta pode gerar aprendizagens significativas?

_____
_____
_____

Por que nossa tarefa maior, ao atuarmos em educação, é educar pela emancipação humana?

_____
_____
_____

Vamos intercambiar aqui nossas idéias. Vejamos o que consegui organizar com o meu pensamento sobre cada um dos temas. No lado direito de cada parte deste volume, há um outro espaço para você "dialogar" com o texto, *OK*? Sigamos adiante.

"Explicações e descrições não substituem as experiências que elas explicam ou descrevem. Dessa forma, não se deve esperar que a explicação de uma dada experiência faça desaparecer essa experiência."
Humberto Maturana[6]

---

[6] MATURANA, Humberto. A ontologia da realidade. Belo Horizonte: Editora da UFMG, 2001, p.214.

PARTE II

Educar aliando teorias e práticas

Ensinar e aprender são ações humanas tão importantes que, desde os primórdios de nossa biológica e cultural história, muito se tem feito para entender os diferentes modos como elas se processam.

Diferentes teorias, por vezes contraditórias, são resultados concretos deste movimento de entender como se dão o ensinar e o aprender: é imensa a quantidade de informação e de conhecimento já produzida sobre estes temas, visto que tanto os mecanismos como os fundamentos que lhes são próprios já foram temas de pesquisas e de estudos em diferentes momentos de nossa evolução.

A questão central do vínculo estreito entre prática e teoria é abordada por correntes teóricas diferentes, que podem ser pesquisadas, por exemplo, entre os autores comportamentalistas e os cognitivistas.

De acordo com o referencial que estivermos trabalhando, as concepções obviamente serão diferentes. Entretanto, é interessante perceber que cada teoria dá conta de uma determinada visão, que, por muitas vezes, simplifica em demasia a questão, fechando nossas potencialidades de interpretação e expurgando outras idéias que poderiam ser de grande valia.

O que considero vital, entretanto, é levantar aqui a imensa dificuldade que possuímos em identificar nossas ações e condutas e procedimentos com referenciais teóricos claros, visto que não temos, muitas das vezes, por regra e movimento processual, como pensarmos a respeito disso.

Quando esboço meus planos de trabalho, o modo como delineio meus objetivos, as estratégias que escolho e as metodologias a serem utilizadas, até mesmo os próprios materiais de uso didático, tudo isso é respaldado no meu ideário, no que acredito que devo estar fazendo.

Em uma perspectiva mais ampla, podemos afirmar que não existe apenas um modo de estarmos atuando em educação, ensino e aprendizagem. Com o amplo campo de conhecimento que se abriu a partir das novas pesquisas e dos avanços das correntes teóricas oriundas da Biologia, da Neurologia, da Psicopedagogia, da Física e da Psicologia, por exemplo, em muitos momentos, ficamos com a sensação de incerteza, no que concerne a optar por um modo, por uma teoria que fundamente nossas práticas educativas, pedagógicas e psicopedagógicas.

Cada *ensinante do presente* possui hoje sua opção mediante o todo complexo que constitui nossa época. Entretanto, se já sabemos que o sujeito *aprendente* só aprende quando sua relação com o meio é de interação, em um processo que inclui aproximar-se e desvelar os objetos do conhecer, práticas bancárias tradicionais e conservadoras de ensinar não podem produzir bons resultados.

Ensinar aliando teoria e prática é buscar, a partir da própria prática e do próprio fazer, referenciais que sustentem uma visão de mundo que seja favorável ao conhecer, ao saber, ao aprender e ao próprio ato de ensinar. Cabe ao *ensinante do presente* vivenciar em sua própria vida o exercício da busca por novas possibilidades de pensar, de agir e de fazer, criando novas maneiras capazes de fazer com que seus *aprendentes* estabeleçam pontes e conexões que lhes permitam entrar em contato com novas informações, compreendê-las, estabelecer elos com conhecimentos anteriores e, o que é fundamental, superar a simples concordância e a aceitação sem reflexão por uma conduta que os leve ao pensamento analítico e à presença do pensar divergente.

Educar aliando teoria e prática é saber-se em movimento de aprendizagem permanente para *ensinar* e *educar* melhor. *Ensinar é acreditar* em tudo isso e saber que cada um de nós é um agente importante em todo o processo de evolução e emancipação humana.

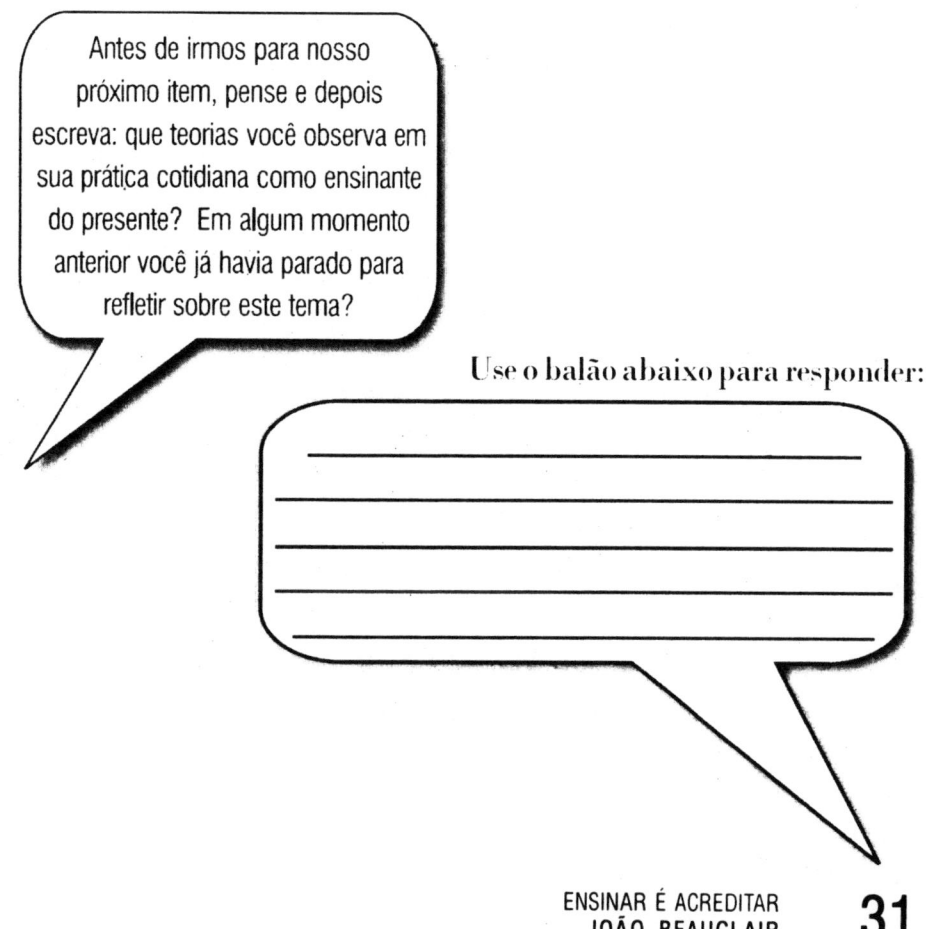

Antes de irmos para nosso próximo item, pense e depois escreva: que teorias você observa em sua prática cotidiana como ensinante do presente? Em algum momento anterior você já havia parado para refletir sobre este tema?

Use o balão abaixo para responder:

"Compreender é descobrir, ou reconstruir através do redescobrimento, e tais condições deverão ser satisfeitas, caso, no futuro, se deseje formar indivíduos capazes de produção e criatividade, e não simplesmente de repetição."

Jean Piaget (1973)

PARTE III

Educar reconstruindo

"O saber pensar, gerenciar emoções e crenças para solucionar problemas, ter um raciocínio claro para discernir entre opções conflitantes é indispensável às grandes realizações. Esse saber pode ser desenvolvido!" [7]

A condição primordial para educar reconstruindo é admitir a existência de diferentes hipóteses para podermos pensar em respostas aos problemas que nos propomos a resolver. O **ensinante do presente** compartilha as tomadas de decisão e busca fornecer aos seus **aprendentes** estímulos para que pensem em outras probabilidades, em outras respostas. O **ensinante** do tempo **presente** aponta caminhos para o incentivo e a orientação, criando movimentos de favorecimento da participação e da tomada de decisões.

Educar reconstruindo é ensinar adaptando estratégias e conteúdos às capacidades e às limitações presentes no contexto onde se ensina e educa, visando superá-los a partir das possíveis dificuldades, sem jamais deixar de acreditar que todos podem aprender, independentemente das especificidades de cada sujeito **aprendente**.

---

[7] VALLE, Luiza Elena Ribeiro do. Cérebro e Aprendizagem: um jeito diferente de viver. São Paulo: Editora Tecmedd, 2004, p.14.

Educar reconstruindo é fazer uso de estratégias ativas de construção do conhecimento, incentivando sobremaneira cada *aprendente* e o próprio grupo de que ele faz parte a trabalhar de maneira independente e autônoma.

Educar reconstruindo é estudar sempre, buscando em teóricos da aprendizagem novos modos de pensar, agir e fazer. Estudar a importância de Jean Piaget, por exemplo, cuja investigação no processo de evolução do pensamento e visão construtiva do erro como processo importante da construção cognitiva trouxeram-nos tantas colaborações.

Educar reconstruindo e ser um **ensinante** do tempo *presente* é ser capaz de promover espaços de construção coletiva e cooperativa de conhecimentos, sabendo que somos todos seres multidimensionais, repletos de afetos e desejos, de vontades e sonhos, de imagens e autopercepção, constituindo-nos como sujeitos a partir de nossas múltiplas relações com o mundo, com o meio, com as pessoas, com o conhecimento, com nossas potencialidades, mas também com nossas limitações, nem sempre lembradas e, muitas vezes, esquecidas.

O **ensinante do presente** percebe-se como um ser em construção, inacabado e, por isso mesmo, é um ser de contínua pró-atividade e em processo de mudança permanente, que dimensiona o novo a partir de si mesmo e de suas próprias histórias, como *aprendente e ensinante*.[8]

O **ensinante do presente** é um semeador que, ao semear, constrói e reconstrói a si mesmo, preocupando-se com uma comunicação limpa e capaz de ir além da superficialidade das relações. O **ensinante** do tempo *presente* sabe-se ser sendo, como nos ensina

---

[8] Interessante como surgem as idéias. Aqui, deixem-me contar um ocorrido. Escrevendo este trecho, e depois fazendo uma revisão, encontro-o assim grafado "que dimensiona o novo a parir de si mesmo". O correto é a partir de si mesmo. Entretanto, dimensionar o novo pode ser também parir, dar luz a novas práticas, trazer ao mundo algo novo, singular.

Paulo Freire em toda a sua obra: ensina porque aprende, aprende porque educa.

Educar reconstruindo, então, é essencialmente promover a atividade instigada, a observação das experimentações, o desenvolvimento da capacidade crítica e o exercício do pensar reflexivo, estabelecendo relações contextuais a partir de situações desafiadoras e da prática contínua de produção de esquemas próprios para organizar idéias, investigar e resolver novos problemas. Assim, o ***educar reconstruindo*** colabora para **o educar promovendo a autoria de pensamento.**

> Estabeleça uma lista com cinco percepções suas sobre a leitura do item anterior. Com alguma pessoa amiga, do seu convívio no mundo do trabalho, discuta estas idéias e depois, ao lado, escreva sobre as possíveis conclusões (ou inconclusões) que você chegou.

"Não é fácil escrever.
É duro como quebrar rochas.
Palavras muito puras, gotas de cristal.
Sinto a forma brilhante e úmida
debatendo-se dentro de mim.
Mas onde está o que quero dizer?
Inspirai-me, eu tenho quase tudo:
eu tenho o conteúdo à espera da essência."
Clarice Lispector

PARTE IV

Educar promovendo a autoria de pensamento

"Todo fazer é um conhecer e todo conhecer é um fazer."

"Tudo o que é dito, é dito por alguém." [9]

Autoria de pensamento é um dos conceitos que mais influenciaram minha história de vida, minha biografia até aqui. O acesso a este conceito me veio pelas leituras que fiz, e que sempre *refaço*, dos livros de Alícia Fernandez, psicopedagoga argentina que possui uma trajetória extremamente significativa na formação de tantos outros psicopedagogos no continente sul-americano.

Os textos de Alicia reverberam em nosso sistema cognitivo e fazem com que outros significados surjam em nossas tantas experiências de *ensinagens*

---

[9] Aforismos chave do livro: MATURANA, Humberto e VARELA, Francisco J. A árvore do conhecimento: as bases biológicas da compreensão humana. São Paulo: Editora Palas Athena, 2002.

e *aprendências*.[10] Em 2003, quando juntos estávamos em um congresso internacional de Psicopedagogia[11], conversamos um pouco e, em um livro de sua autoria, ela escreveu: *"Con afeto, para João quien comparte conmigo la alegría de la autoria"*.[12]

De fato, foi uma alegria aquele congresso, pois por lá novas amizades foram feitas, antigas amizades foram revividas, novas possibilidades surgiram, enfim, iniciou-se um movimento *caminhante*, muito próprio e singular, de minhas ações no campo psicopedagógico.

Nesse congresso, fiz uma conferência com o tema *"O fio, a rede e o(a) equilibrista: a busca permanente da teoria no campo psicopedagógico"*.[13] Em minha fala, ficou explícito o quanto trabalhar com o conceito de autoria de pensamento foi (e ainda é) significativo

---

[10] Ensinagens e aprendências são expressões de uso comum e rotineiro em minha produção textual. Novos modos para designar as ações envolvidas no processo de aprendizagem: ensinar e aprender. O termo ensinagem aqui é utilizado no sentido de que ensinar e aprender são processos resultantes da interação dialética entre aquele(a) que ensina e aquele(a) que aprende, ou seja, ensino e aprendizagem são os diferentes lados de uma mesma moeda, onde ser cognoscente é estar em movimento de autoria de pensamento. Entendo como aprendências a tomada de consciência de nossas possibilidades aprendentes, criando processos de significação e constituindo o evoluir permanente de nossas subjetividades.

[11] VI Congresso Brasileiro de Psicopedagogia. São Paulo: de 9 a 12/07/2003. Promovido pela Associação Brasileira de Psicopedagogia.

[12] Sinergicamente, o livro em questão é: FERNÁNDEZ, Alicia. O saber em jogo: a psicopedagogia propiciando autorias de pensamento. Porto Alegre: Editora ARTMED, 2001.

[13] Esta conferência foi publicada em DVD pela ABPp: Associação Brasileira de Psicopedagogia. Disponível para venda no *site* da associação: www.abpp.com.br em abril de 2004.

para mim.[14] Aqui, reproduzo trechos de outro trabalho, sobre este mesmo tema, que cabe no contexto em que agora estamos.[15]

APRENDÊNCIAS, ENSINAGENS E AUTORIA DE PENSAMENTO EM (RE)VISÃO: NOVOS OLHARES SOBRE O ENSINAR E O APRENDER

Autoria, para FERNANDÉZ, "*é o processo e o ato de produção de sentidos e de reconhecimento de si mesmo como protagonista ou participante de tal produção*".[16] Assim, para tornar-se autor(a), o(a) aprendente não pode ser considerado como mero e passivo reprodutor de uma realidade, independentemente de sua observação e inserção. Neste sentido, é fundamental uma revisão, um novo olhar sobre o ensinar e o aprender no mundo atual que, quer tenhamos consciência ou não, é complexo e por isso nos exige termos ciência da importância e dos papéis que a não-linearidade, a autopoiese, o caos e a desordem desempenham na reconfiguração paradigmática de nosso tempo.

SCOZ (2003) nos diz que, neste atual movimento, há relações de complementaridade e aberturas, para no-

---

[14] BEAUCLAIR, João. Educação e Psicopedagogia: aprender e ensinar nos movimentos de autoria. São José dos Campos: Pulso Editorial, 2007.

[15] Trata-se de um trecho do seguinte artigo: BEAUCLAIR, João. Autoria de pensamento, aprendências e ensinagens: novos modelos e desafios na produção de conhecimento em Psicopedagogia. Publicado no *site* da Associação Brasileira de Psicopedagogia. http://www.abpp.com.br em abril de 2004.

[16] FERNANDÉZ, Alicia. O saber em jogo: a Psicopedagogia propiciando autorias de pensamento. Porto Alegre, Editora Artmed, 2001, p.90.

vas e contínuas possibilidades, ressaltando que

> ordem e desordem fazem parte de uma mesma totalidade movente, ou seja, o equilíbrio contém e é criado pelo desequilíbrio. Isto pode ser importante para a compreensão dos processos de aprendizagem: ricos em evoluções imprevistas, traçados por relações não lineares de causa e efeito, fractados em múltiplas e diferentes magnitudes, tornando-se precária a universalização.[17]

Com isso, podemos afirmar que o universo da aprendizagem vincula-se não somente aos conteúdos concretos mas também aos mundos psíquico e simbólico do ser cognoscente. E aqui, a meu ver, surge um ponto de reflexão fundamental: de que modo, dentro do estudo da Psicopedagogia, estes mundos (simbólico e psíquico) se relacionam com a dinamicidade da complexa realidade externa que todos(as) nós temos efetiva interlocução.

É no campo do simbólico em que ocorrem as "*aprendências*" e as "*ensinagens*", percebidas como processos correlatos, onde realidade interna e realidade externa interagem. No contexto de construção de subjetividades, a aprendência é reflexo dos desenvolvimentos cognitivo, afetivo e emocional. Deste modo, podemos pensar e vivenciar processos de aprendência quando associamos afeto e emoção no agir/fazer que leve à cognição. Esta idéia é uma possível referência para pensarmos o quanto é importante ampliar horizontes teóricos para o desenvolvimento de cada aprendente.

Acreditando que aprender é um

---

[17] SCOZ, Beatriz. Prefácio. *In*: AMARAL, Silvia (coordenadora). Psicopedagogia: um portal para a inserção social. Petrópolis: Editora Vozes, 2003, p.15.

modo elaborado por nosso psiquismo para organizarmos e aprendermos o real, é importante perceber que é o conjunto de sensações e percepções do ambiente pelo sujeito cognoscente que possibilita o desejo de aprender. Tal desejo, fundado em movimento dialético entre sujeito e ambiente, é capaz de despertar ações para a busca de soluções, adaptações e resoluções para nossas intervenções no mundo.

Cabe, em nossos espaços e tempos de inserção profissional, reconhecer que é preciso construir processos permanentes de promoção e elaboração de autoria de pensamento. É desafio, neste movimento, criar condições para que o(a) aprendente se autorize a pensar e que, neste aceitar, compreenda que este seu pensar é único, diverso do pensamento do outro, porque é seu e envolve sua subjetividade e capacidade de análise, síntese e integração de saberes e conhecimentos.

É óbvio que, para isso, é essencial deixar de lado o agir/fazer repleto de repetições e sem criticidade, passo inicial para o risco, para a ousadia. Ousar é partir do que agregamos como significação ao longo de nossa trajetória, arriscar criando/recriando saberes e conhecimentos, indo à busca da interlocução com os(as) outros(as), onde objetividade e subjetividade ganham corporeidade e latência.

Reconhecer-se como ser que deseja e reconhecer-se como ser que pensa e aprende, em nível individual, é só um lado da questão, pois é preciso ir além da ação individual: o(a) outro(a) precisa ser visto também como desejante, pensante, o(a) outro(a) como único(a) e legítimo(a).

Ensinantes e aprendentes autorizando-se mutuamente, sendo autores dos pensamentos que constroem, movidos por seus desejos, em busca de seus processos e movimentos de autonomia, indo além do olhar do(a) outro(a) para reconhecer a autoria de seu pensamento e produção. Importante é perceber que "ensinagem" e "aprendência" são processos de permissão à autoridade de pensamentos, como movimentos diferenciados e reconhecedores da alteridade. De acordo com PRANDINI (2003), é preciso

> reconhecer a legitimidade do outro, autorizar-se a criar, recriar, reconhecer-se realizando o próprio desejo, pois apenas a partir daí seremos capazes de proporcionar ao outro espaço para isso e oferecermo-nos a ele como referência, mas nunca como modelo a ser simplesmente imitado.[18]

Se assim reconhecermos o(a) outro(a), deixaremos que as diferenças sejam agenciadoras dos processos de inclusão, não de exclusão como comumente tem sido em nossa sociedade e instituições. Por isso, torna-se urgente nas relações de *aprendência* e *ensinagem*

> *não excluir o outro por suas diferenças, mas ao contrário valorizá-las. Para isso é preciso, antes de tudo, não auto excluir-se, ou não sentir-se excluído do universo do outro em virtude de nossas próprias diferenças, suportar estar só, ficar consigo mesmo e refletir.*[19]

Minha aposta – e proposta – é reconfigurarmos nossas múltiplas dimensões humanas, buscando nos paradigmas emergentes aportes e suportes teóricos que contribuam para a constituição de outro modo de *ser-e-estar* no mundo.

---

[18] PRANDINI, Regina Célia de A. Autoria de pensamento e alteridade: temas fundantes de uma relação pedagógica amorosa e libertadora. *In*: AMARAL, Silvia (coord.) AMARAL, Silvia (coordenadora). Psicopedagogia: um portal para a inserção social. Editora Vozes, 2003, p.73.

[19] Idem.

Optei por colocar aqui o trecho anterior por uma única razão: rever os sentidos produzidos em um outro momento, em interação com o que agora me proponho. Mantenho várias posições alocadas acima. Entretanto, outras posturas me aparecem para juntos pensarmos no **ensinante do presente**, como um sujeito-autor de sua própria caminhada, resultado de suas escolhas e partícipe de outras tantas caminhadas, de tantos outros caminhantes.

Para *educar promovendo a autoria de pensamento*, é preciso o movimento de novos acoplamentos estruturais e novas maneiras de perceber as relações entre *ensinantes e aprendentes*. O desafio não é tão-somente conhecer-se a si mesmo e aos *aprendentes* mas também reconhecer a unicidade de cada ser, suas extensões emocionais e afetivas. Para que a autoria de pensamento seja, efetivamente, promovida nos espaços e tempos do ensinar e do aprender, fazer uso de novas linguagens e desenvolver novas maneiras de expressão é tarefa essencial.

Assim, uma característica do **ensinante do presente** é saber-se em movimento de *cria-ação*, ou seja, de criatividade para criar a ação do pensar reflexivo e do reconstruir conhecimentos com sentidos e significados novos, tanto para si mesmo como para os outros, que juntos estão na caminhada pelo conhecer, pelo saber.

Promover a autoria de pensamento é estabelecer espaços de interlocução entre o que sei e o que não sei, entre o que o aprendente sabe e o que não sabe, fazendo uso das extensões do desejar, do querer e do estimular. A paixão pelo conhecimento e pela busca deve estar sempre presente em nossas vidas, pois sempre ressignificamos nossas trajetórias ao estabelecermos contato com os outros, com o mundo e com as outras experiências.

Somos fadados a aprender por sermos biologicamente preparados para isso, em um processo contínuo de adaptação ao meio ambiente que nos cerca. Optar por estarmos em movimentos de *ensinagem* é optar pela magia da vida de cada um de nós, eternos *aprendentes* que, para ensinar, precisa continuadamente aprender.

Uma das boas dicas que podem ser dadas neste sentido é criar movimentos de revisão dos próprios papéis de *ensinante* e *aprendente*, construindo espaços para que uns aprendam com os outros, superando a lógica predominante do aprender só para si: todos nós aprendemos para os outros, com os outros, na interação e no espaço dialógico de *estarmosjuntoscom*, como gosto de reforçar.

Estarmosjuntoscom significa buscarmos estar por inteiro nos espaços e tempos onde exercemos nossas funções e tarefas. O *aprendente* também pode e sabe ser *ensinante*, *os aprendentes* ensinam outros *aprendentes* e *os aprendentes* ensinam *os ensinantes*, em um intercâmbio favorecedor de *autorias coletivas de pensamento.*

Buscar novos modos de realizar as tarefas é um interessante processo, pois o que estimula nosso cérebro a continuar funcionando é lidar com as diferenças, provocando associações novas e novas maneiras de pensar e refletir.

Promover a autoria de pensamento e produzir novas ações é importante para propiciar situações de natureza dialógica, onde todos possam encontrar modos diferentes para poder aprender: cada um de nós tem sua própria modalidade de aprender, e o uso de diversificadas estratégias favorece melhores apreensões e amplia as potencialidades de aprendizagem.

Cabe ao *ensinante do presente* não *"negar-se o dever de, na sua prática docente, reforçar a capacidade crítica do educando, sua curiosidade, sua insubmissão. Uma de suas tarefas primordiais é trabalhar com os educandos a rigorosidade metódica com que devem se "aproximar" dos objetos cognoscíveis"*.[20]

O *ensinante do presente* aceita este desafio e vai além do ensinar conteúdos presentes nos programas de ensino. Para que uma aprendizagem significativa realmente aconte-

---

[20] FREIRE, Paulo. Pedagogia da Autonomia: saberes necessários à prática educativa. São Paulo: Editora Paz e Terra, 1996, p.26.

ça, *ensinantes* e *aprendentes* se interagem e encontram na dinamicidade a construção e a reconstrução do saber.

***Educar promovendo a autoria de* pensamento** é ser o **ensinante** do eterno agora, focado nas dimensões imediatas do ser sujeito **aprendente** em movimento de contrução permanente.

Façamos agora uma outra pausa na leitura e passemos a uma outra atividade nossa.

Usando sua criatividade e uma boa dose de ousadia com as imagens e as palavras abaixo, monte um pequeno texto, fazendo uso da linguagem poética. Produza algo bem inusitado e deixe a sua imaginação fluir... Será o seu **POEMA PSICOPEDAGÓGICO.**

Coloque uma música de que você goste para tocar... Fixe seu pensamento nas palavras e nas imagens por uns cinco minutos. Depois disso, feche o livro, vá fazer uma outra coisa qualquer e esqueça o nosso combinado aqui.

Depois, quando sentir desejo, retorne, releia este trecho e comece a fazer o seu *poema psicopedagógico*. O espaço a seguir é seu: use e abuse!!!

POEMA PSICOPEDAGÓGICO

ROL DE PALAVRAS				
Adultos	ousadia	Jovens	crianças	melhoria
Aprendentes	poesia	Consciência	ensinar	pensamento
Ciência	alegria	Autoria	vida	lugar
Cidadania	transformar	Tempo	adolescentes	movimento
Viajantes	vivências	Caminhantes	autoria	surpresa
Gente	lugar	Construir	escola	cidadania
Ensinantes	espaço	Aprender	pedagogia	crianças

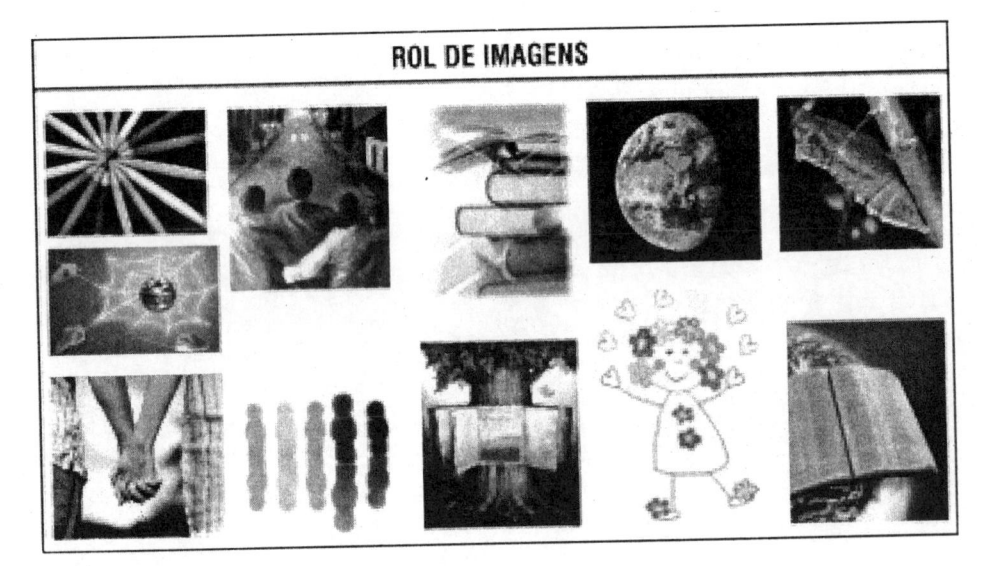

ROL DE IMAGENS

"Criar, em Educação e Psicopedagogia, é construir novas formas de fazer aquilo que já se fez, revendo sempre o caminho percorrido, ressignificando as aprendências anteriores, criando e recriando novos modos de olhar para a realidade, para a vida."
João Beauclair.

PARTE V

Educar pela pergunta

> *"Os homens se educam em comunhão, mediatizados pelo mundo."*
>
> *Paulo Freire*[21]

A epígrafe que inaugura este trecho de nosso trabalho é um passo inicial para juntos pensarmos: Podemos aprender, educar e ensinar sem perguntar?

Não, não podemos.

Não aprendemos sozinhos. E para aprender, educar e ensinar, é preciso o exercício do ato humano do indagar-se, do perguntar. Paulo Freire, um dos nossos maiores educadores, foi um árduo defensor de uma Pedagogia que busca fazer com que cada **ensinante** vivencie sua prática e o seu ofício no campo da *consciência*, elucidando a criatividade, a ação e a criticidade diante do que está colocado pela realidade: é preciso consciência para o exercício de uma Pedagogia que supere a opressão e para que se instale uma *Pedagogia da "pergunta"*.

Freire destacou que, na concepção bancária de educação,

educador faz "depósitos" de conteúdos que devem ser arquivados pelos educandos.

---

[21] FREIRE, Paulo. Pedagogia do Oprimido. Rio de Janeiro: Editora Paz e Terra, 1979, p.79.

Desta maneira, a educação se torna um ato de depositar, em que os educandos são os depositários e o educador o depositante. O educador será tanto melhor educador quanto mais conseguir "depositar" nos educandos. Os educandos, por sua vez, serão tanto melhores educados, quanto mais conseguirem arquivar os depósitos feitos.[22]

Infelizmente, ainda temos esta prática pedagógica em muitas de nossas escolas.

Mas existem muitas outras práticas, em processos bastante vitalizados, de fazer uma outra educação, que problematiza a realidade, busca sua possível significação e está atenta a uma outra percepção de vida e de aprendizagem: em que haja a concepção libertadora na relação entre *ensinantes* e *aprendentes*, entre aprendizagem e conhecimento. Freire já apontava isso em suas ações no mundo, quando nos dizia que educação deve ser percebida como uma

> situação gnosiológica, em que o objeto cognoscível, em lugar de ser o término do ato cognoscente de um sujeito, é mediatizador de sujeitos cognoscentes, educador, de um lado, educandos, de outro, a educação problematizadora coloca, desde logo, a exigência da superação da contradição educador *versus* educando. Sem esta, não é possível a relação dialógica, indispensável à cognoscibilidade dos sujeitos cognoscentes, em torno do mesmo objeto cognoscível.[23]

Assim Freire nos conduz para uma Pedagogia da pergunta, um ensinar e aprender, um educar que é ato humano de perguntar, de dialogar. Entre *ensinantes* e *aprendentes*, a relação de verticalidade, onde uns são sujeitos e outros objetos, não pode jamais existir. Existe sim, a partir da Pedagogia da pergunta, uma proposta dialógica, visto que *ensinantes* e *aprendentes* são os sujeitos do ato de conhecer, do ato cognoscente. Para o

---

[22] FREIRE, Paulo. Pedagogia do oprimido. Rio de Janeiro: Paz e Terra, 1983, p. 66.

[23] idem, p. 78.

ensinante do presente, é preciso que seja, cada vez mais, uma prática comum o *ensinar aprendendo e o aprender ensinando*.

Em uma perspectiva de cotidiano escolar que seja pautada no diálogo, é necessária a presença da verdade e do pensamento crítico que não observa dicotomias, mas sim percebe claramente que, como viventes, somos sujeitos em permanentes interações: somos sujeitos inacabados que nos fazemos e refazemos em processos de acoplamentos estruturais com os outros e com o mundo, em uma interação complexa e dinâmica e, portanto, transformadora.

A prática pedagógica, como práxis docente do *ensinante do presente*, é uma complexa rede de interações, que, por ser ação política, é um intercâmbio de *concretudes*, de energias, de evoluções, de transformação.

Educar pela pergunta é analisar currículos, escolher estratégias, elaborar ações de práticas pedagógicas e de avaliação que favoreçam a autoria de pensamento citada aqui anteriormente e que busque suportes epistemológicos na interdisciplinaridade, para buscarmos ir além da fragmentação e, assim, ampliar o educar aliando teoria e prática, problematizando a realidade, ampliando perspectivas de raciocínio, preocupando-se com os tantos dilemas e problemas de nosso tempo, da nossa sociedade planetária e buscando a construção de propostas e de alternativas, visando ao resgate – ou à nova construção – de nossa humanidade, de nossa cidadania, de nossa ética, de nossa dignidade.

Educar pela pergunta para o ensinante do presente é favorecer processos e desalienação do real, concebendo propostas pedagógicas como alternativas de *"hominização"*, contrapondo-se aos complexos processos de relações socioeconômicas que se definem em alienação dos seres humanos e em expropriação de suas possibilidades de *ser e de saber*. É ir contra a *coisificação* do sujeito humano, considerado mercadoria, **coisificado** na relação de produção e *"apropriado"* pelo sistema.

Educar pela pergunta para o ensinante do presente é saber que, na complexidade da vida social e em tempos de globalização e de neoliberalismo, ainda perduram relações sociais e de produção que perpassam por critérios do próprio capital, distanciados de uma perspectiva que seja mais humanística.

Educar pela pergunta é colocar em evidência categorias que possam definir um sujeito aprendente como pessoa humana capaz de pensar, refletir, perguntar-se sobre conceitos fundamentais e definidores do ser humano como um ser político: é preciso trabalhar sempre com as questões vinculadas ao diálogo, com a problematização, com a conscientização e com a libertação.

Educar pela pergunta é buscar propostas para ir além das críticas feitas às formas educativas atuais e propor mover-se em uma Pedagogia articuladora e calcada na consciência crítica e no conhecimento da práxis.

Educar pela pergunta é buscar a construção de um novo olhar, mais aberto, significativo e plural e que se construa na interlocução com outros **olhos e olhares**, em uma perspectiva interdisciplinar que vise à transdisciplinaridade como meta.

Educar pela pergunta é caminhar com este olhar, como ponto de partida, para sermos capazes de construirmos novos modos de viver, exercitando nossa autoria de pensamento como **ensinantes e aprendentes**, constituindo-se no instante em que buscamos compreender a nós mesmos, na interação com os outros e com o mundo, no movimento da reflexão permanente e da pesquisa, no agir fazer pautado na lógica do ***educar aliando teorias e práticas,*** na constante busca de novas bases para que novos olhares possam ser realizados sobre práticas antigas, já cristalizadas em tantos espaços e tempos de ensinar, de educar e de aprender.

Educar pela pergunta, educar aliando teorias e práticas, educar promovendo a autoria de pensamento e educar reconstruindo é movimentar-se em uma espiral dialética que favoreça o **educar pela aprendizagem significativa e o educar para a emancipação humana.**

Estes são os dois temas que trabalharemos a seguir, encerrando este nosso primeiro volume. Abaixo, um belo texto para nossa reflexão, com algumas questões sobre ele, elaboradas no intuito de ampliar nosso pensar sobre o que até aqui tratamos.

Mãos a Obra!

NÃO ESQUEÇA AS PERGUNTAS FUNDAMENTAIS [24]

Rubem Alves

Vou contar para vocês uma estória. Não importa se verdadeira ou imaginada. Por vezes, para ver a verdade, é preciso sair do mundo da realidade e entrar no mundo da fantasia...

Um grupo de psicólogos se dispôs a fazer uma experiência com macacos. Colocaram cinco macacos dentro de uma jaula. No meio da jaula, uma mesa. Acima da mesa, pendendo do teto, um cacho de bananas.

Os macacos gostam de bananas. Viram a mesa. Perceberam que, subindo na mesa, alcançariam as bananas. Um dos macacos subiu na mesa para apanhar uma banana. Mas os psicólogos estavam preparados para tal eventualidade: com uma mangueira deram um banho de água fria nele. O macaco que estava sobre a mesa, ensopado, desistiu provisoriamente do seu projeto.

Passados alguns minutos, voltou o desejo de comer bananas. Outro macaco resolveu comer bananas. Mas, ao subir na mesa, outro banho

---

[24] ALVES, Rubem. Não esqueça as perguntas fundamentais. Disponível em: http://www.escola2000.org.br/pesquise/texto/textos_art.aspx?id=66 Acesso em 14/05/2007.

de água fria. Depois de o banho se repetir por quatro vezes, os macacos concluíram que havia uma relação causal entre subir na mesa e o banho de água fria. Como o medo da água fria era maior que o desejo de comer bananas, resolveram que o macaco que tentasse subir na mesa levaria uma surra. Quando um macaco subia na mesa, antes do banho de água fria, os outros lhe aplicavam a surra merecida.

Aí os psicólogos retiraram da jaula um macaco e colocaram no seu lugar um outro macaco que nada sabia dos banhos de água fria. Ele se comportou como qualquer macaco. Foi subir na mesa para comer as bananas. Mas, antes que o fizesse, os outros quatro lhe aplicaram a surra prescrita. Sem nada entender e passada a dor da surra, voltou a querer comer a banana e subiu na mesa. Nova surra. Depois da quarta surra, ele concluiu: nessa jaula, macaco que sobe na mesa apanha. Adotou, então, a sabedoria cristalizada pelos políticos humanos que diz: se você não pode derrotá-los, junte-se a eles.

Os psicólogos retiraram então um outro macaco e o substituíram por outro. A mesma coisa aconteceu. Os três macacos originais mais o último macaco, que nada sabia da origem e função da surra, lhe aplicaram a sova de praxe. Este último macaco também aprendeu que, naquela jaula, quem subia na mesa apanhava.

E assim continuaram os psicólogos a substituir os macacos originais por macacos novos, até que na jaula só ficaram macacos que nada sabiam sobre o banho de água fria. Mas, a despeito disso, eles continuavam a surrar os macacos que subiam na mesa.

Se perguntássemos aos macacos a razão das surras, eles responderiam: é assim porque é assim. Nessa jaula, macaco que sobe na mesa apanha... Haviam se esquecido completamente das bananas e nada sabiam sobre os banhos. Só pensavam na mesa proibida.

Vamos brincar de "fazer de conta". Imaginemos que as escolas sejam as jaulas e que nós estejamos dentro delas... Por favor, não se ofenda, é só faz-de-conta, fantasia, para ajudar o pensamento. Nosso desejo original é comer bananas. Mas já nos esquecemos delas. Há, nas escolas, uma infinidade de coisas e procedimentos cristalizados pela rotina, pela burocracia, pelas repetições, pelos melhoramentos. À semelhança dos macacos, aprendemos que é assim que são as escolas. E nem fazemos perguntas sobre o sentido daquelas coisas e procedimentos para a educação das crianças. Vou dar alguns exemplos.

Primeiro, a arquitetura das escolas. Todas as escolas têm corredores e salas de aula. As salas servem para separar as crianças em grupos, segregando-as umas das outras. Por que é assim? Tem de ser assim? Haverá uma outra forma de organizar o espaço, que permita interação e cooperação entre crianças de idades diferentes, tal como acontece na vida? A escola não deveria imitar a vida?

Programas. Um programa é uma organização de saberes em uma determinada seqüência. Quem determinou que esses são os saberes e que eles devem ser aprendidos na ordem prescrita? Que uso fazem as crianças desses saberes na sua vida de cada dia? As crianças escolheriam esses saberes? Os programas servem igualmente para crianças que vivem nas praias de Alagoas, nas favelas das cidades, nas montanhas de Minas, nas florestas da Amazônia, nas cidadezinhas do interior?

Os programas são dados em unidades de tempo chamadas "aulas". As aulas têm horários definidos. Ao final, toca-se uma campainha. A criança tem de parar de pensar o que estava pensando e passar a pensar o que o programa diz que deve ser pensado naquele tempo. O pensamento obedece às ordens das campainhas? Por que é necessário que todas as crianças pensem as mesmas coisas, na mesma hora, no mesmo ritmo? As crianças são todas iguais? O objetivo da escola é fazer com que as crianças sejam todas iguais?

A questão é fazer as perguntas fundamentais: por que é assim? Para que serve isso? Poderia ser de outra forma? Temo que, como os macacos, concentrados no cuidado com a mesa, acabemos por nos esquecer das bananas..."

Questões a respeito do texto:

1- Qual foi sua percepção geral sobre o texto?

2- Das várias perguntas que Rubem Alves faz no texto, quais lhe pareceram ser mais interessantes para o pensar do *ensinante do presente*?

3- Que respostas podem ser dadas às perguntas que o autor nos faz neste belo texto? É possível elaborarmos um conjunto de respostas que atendam às questões levantadas pelo autor?

Use os espaços a seguir para fazer esta tarefa.

ENSINAR É ACREDITAR
JOÃO BEAUCLAIR

"A aprendizagem significativa, oposta à aprendizagem mecânica, vincula a construção do conhecimento à própria busca de cada um de nós por novos saberes e novas práticas, por novos conceitos e novas informações, por outras idéias e exemplos que podem ser de utilidade aos processos de cognição e subjetividade de cada sujeito aprendente/ensinante."

João Beauclair[25]

---

[25] BEAUCLAIR, João. Aprendizagem significativa e construção de diários de bordo: configurando registros na práxis de formação em psicopedagogia. Santa Rita do Sapucaí: Revista Científica da FAI, vol.5, número 1, 2005, páginas 14-15.

PARTE VI:

Educar pela aprendizagem significativa

Educar pela aprendizagem significativa, se atentarmos para o desafio da modificação e da transformação, é sabermos da existência de múltiplas condições para fazer com que a aprendizagem aconteça. Vamos pensar nos cuidados a tomar neste nosso movimento de agir sobre tais condições?

Na tabela abaixo, faça uma relação das condições que você considera essenciais para que a aprendizagem seja significativa. Depois nosso diálogo continua.

Vejamos algumas dessas condições por mim pensadas, e a aqui oferecidas a você para estabelecer correlações com o que você construiu.

1	2	3
Para aprender, para conhecer, é preciso que exista quem queira aprender e quem queira ensinar.	Neste movimento, é preciso enfrentar o problema do não-saber.	Na relação **ensinante ↔ aprendente** é necessária à construção de vínculos mediados pela afetividade, para *afetar e intervir* de modo positivo.
4	**5**	**6**
O enfrentamento dos desafios presentificados nas relações entre os diferentes deve ser colocado em uma perspectiva relacional nova; *enfrentamento* é colocar-se em movimento de ficar em frente ao outro e não de enfrentar o outro como comumente se pensa esta palavra.	Ser ensinante exige posturas adequadas para tal e uma delas, essencial, é saber criar empatia: coerência, adequação e postura aberta para lidar com as diferenças é movimento essencial.	O ensinante é um comunicador, ele trabalha com comunicação. E neste sentido, é sempre importante buscar novos modos de comunicar o conhecimento, lidar com as informações e fazer mediações válidas.
7	**8**	**9**
Aprender e ensinar: trabalhar com a apropriação de novos saberes. Este processo é complexo, pois cada um aprende a seu modo e jeito, por isso os ensinantes do presente precisam sempre buscar novas modalidades para ensinar e aprender.	O ensinante do presente é, necessariamente, um humanista que busca a consciência plena de todas as suas ações e atitudes.	A aprendizagem significativa só acontece quando o ensinante exerce dois importantes (e complexos) movimentos: o da aceitação e o da compreensão das diferenças, aceitando-as e trabalhando com elas, valorizando a diversidade como elemento de extrema riqueza ao desenvolvimento humano.

Assim, vamos agora atentar para nossas convergências (ou divergências) de pensamento. No espaço abaixo, refaça a tabela sobre as condições que você considera essenciais para que a aprendizagem seja significativa, mesclando as nossas idéias: as suas que estão expressas na atividade anterior e as minhas, apresentadas acima, para estabelecer correlações com o que você construiu.

O que você considerou válido nesta atividade?

Foi interessante pensar deste modo?

Tal exercício se propôs a mostrar um aspecto interessante da *Teoria da Aprendizagem Significativa*. Vejamos outro trecho do artigo citado aqui anteriormente:[26]

"a aprendizagem de significados e de conceitos é a de maior valia para nós, seres aprendentes e ensinantes no grande jogo da vida. De acordo com Ausubel, a vivência de aprendizagem ganha concretude a partir da percepção que vamos construindo ao longo de nossa trajetória humana, onde o transmitir-retransmitir saberes, informações, conceitos e a própria herança cultural da humanidade ao longo das gerações ganha significado e sentido. (...)

A preocupação de Ausubel em relação aos tipos de aprendizagem – cognitiva, afetiva e psicomotor – está voltada principalmente à aprendizagem cognitiva, considerada como o modus operanti e como a informação/conhecimento é assimilada(o) no interno do sujeito aprendente. Se a teoria de Ausubel está baseada no que antecede a ação educativa, os Diários de bordo como registro de aprendências fazem com que os conhecimentos prévios dos adultos em formação continuada ganhem espaço de interlocução e verbalização, onde a bagagem de conhecimentos/conteúdos/conceitos anteriormente adquiridos seja revista, reavaliada e validada em muitas situações: construímos um espaço de interlocução, onde o sujeito aprendente é, ao mesmo tempo, ensinante e aprendente, com a mediação organizada do facilitador, ou seja, com a ação

---

[26] Idem.

educativa do professor responsável por tal processo.

A aprendizagem, então, torna-se significativa por conta do movimento do ser que deseja a aprendizagem construtivista, onde essencial é a interação enquanto processo de socialização de saberes e de práticas. O sujeito que ensina aprende ao ensinar e o que aprende ensina ao aprender, como nos ensinou Paulo Freire. A dinamicidade do conhecer é validada a partir dos subsunçores que ambos (aprendentes e ensinantes) possuem para construir outros subsunçores ou, ainda, exercer a modificabilidade cognitiva ao se deparar com os antigos sistemas conceituais presentes em suas estruturas de cognição. Aqui cabe relembrar Moreira (1999) que nos ensina que a aprendizagem é dinâmica, pois é uma interação entre aluno e professor, a partir do conhecimento prévio que o aluno tem. E neste sentido, talvez seja interessante lembrar Anísio Teixeira, que dizia que educar é uma arte que se aprende praticando, sentindo, vivendo.

Os registros de aprendência enquanto prática motivadora, nesta formatação, expressam idéias, tais como: criatividade, aprendizagem em arte, oficinas psicopedagógicas, estratégias de formação, autoria de pensamento, processos de ensinagem, Arteterapia, Psicopedagogia e Aprendizagem significativa como os fios de um bordado, que, ao se cruzarem, tentam expressar uma totalidade e mostrar um movimento de fazer acontecer a magia da vida: o encontro entre homens e mulheres que, em parceria, tentam ressignificar suas trajetórias e agregar novos valores a suas próprias carreiras e vidas.

Cabe a cada grupo onde atuamos articular e mediar expressões, falas e sentimentos surgidos a partir da experiência em tela, e nossa aposta em cursos de formação é aliar prazer, alegria, jogos, dinâmicas, brincadeiras que atendam a um novo modelo de ser e estar em educação, onde eles criem vínculos positivos e que aprender seja algo essencialmente prazeroso e coletivo, espaço de interlocução humana que fez com que pudéssemos, enquanto espécie, chegarmos até o momento atual de nossa trajetória. Aliar teoria e prática, estudar pensadores complexos e aprofundar conhecimentos sistematizados de modo acadêmico, necessariamente não precisa seguir os modelos tradicionais do falar/ditar do mestre, como nos define Pierre Lévy[27]. Em uma perspectiva construtivista e sociointeracionista, referendada em múltiplas leituras, análises, pesquisas e procura de sistematização, aqui procuramos mesclar fios, com matizes, espessuras, cores diferenciadas, com o único desejo: compartilhar idéias e, ao assim fazer, enredá-las, objetivando, sem sombra de dúvida, o intercâmbio, o registro, a circularidade dos saberes.

As Oficinas Psicopedagógicas, estratégias de formação cuja autoria temos aprofundado enquanto condutores de processos de ensinagem em diferentes espaçostempos de formação, tanto em cursos de Psicopedagogia como em outras práticas pedagógicas, é uma tentativa de criarmos novos sentidos e significados aos estarmos juntos fazendo Educação, rompendo práticas cristalizadas que não agregam valores efetivamente humanos em nosso percurso enquanto viventes.

Refletir sobre Aprendizagem Sig-

---

[27] LÉVY, Pierre. As tecnologias da inteligência: o futuro do pensamento na era da informática. Rio de Janeiro: Editora 34, 1993.

nificativa é levar o nosso olhar para os caminhos da subjetividade humana, pois aprendizagem é uma relação que estabelece elos entre quem exerce o papel de ensinante e quem vivencia o papel de aprendente, validando as contribuições de Ausubel.[28]

Tais elos constituem a aprendizagem mediada. E, na mediação da aprendizagem, o que antecede as ações do **ensinante do presente** pode seguir quatro passos iniciais:

---

1. Primeiro eu penso e sistematizo o que desejo *saber-comunicar-compartilhar*. Depois eu interajo com outras idéias, vindas de outras pessoas, leituras e percepções.

2. A seguir, busco organizar meu pensamento.

3. Retorno ao processo de reelaborar para dar sentido ao que pensei, junto com os outros.

É essa a síntese do que compreendo como aprendizagem significativa: interlocução, comunicação, interação entre as idéias, em busca de significado e sentido. A aceitação e a compreensão, colocadas como condição acima, são posturas iniciais para a

---

[28] Aprendentes e ensinantes são expressões surgidas nos estudos mais atuais de Psicopedagogia. Conferir: FERNANDÉZ, Alícia. A inteligência aprisionada: abordagem psicopedagógica clínica da criança e sua família. Porto Alegre: Editora Artmed, 1990. FERNANDÉZ, Alícia. O saber em jogo: a psicopedagogia possibilitando autorias de pensamento. Porto Alegre: Editora Artmed, 2001.

aprendizagem significativa e é essencial que o *ensinante* tenha a capacidade e a habilidade de aceitar seus *aprendentes* do modo como eles se encontram no momento de suas vivências em comum.

Se o *ensinante* e seus *aprendentes* interagirem deste modo, ocorrerão a compreensão e as manifestações do que sentimos, mediante os desafios presentes no ato de aprender: uma autêntica aprendizagem baseia-se na incondicional aceitação do outro, com suas limitações e potencialidades possivelmente adormecidas. A principal ação do *ensinante* do presente é saber-se capaz de despertar as potencialidades adormecidas, inicialmente em si mesmo e, posteriormente (ou concomitantemente), nos seus *aprendentes*.

Em todo este processo, essencial é entrar em contato com a realidade de modo objetivo e subjetivo, vivenciando com intensidade os possíveis problemas a serem enfrentados no decorrer das nossas vidas como *ensinantes* e *aprendentes*, procurando sempre aprender, desejar, crescer, descobrir, querer, criar, tendo *confiança em si mesmo como pessoa*, capaz de saber de si e dos outros em processos próprios de crescimento.

Para tanto, a função principal do *ensinante do presente* consiste em compreender o relacionamento que possui com seus *aprendentes*, desenvolvendo com eles o estabelecimento de climas possibilitadores e facilitadores da aprendizagem significativa, colocando-se como importante elemento dentro do grupo onde as *ensinagens* e as *aprendências* estejam ocorrendo, mas se colocando, também, no movimento do *estarjuntocom*, em uma horizontalidade onde os aspectos interacionais presentes estejam focados na melhoria permanente das relações interpessoais e intergrupais.

Na práxis do *ensinante* do presente, é considerada a co-responsabilidade, onde os principais atores presentes no cenário do *aprender-ensinar-educar* em uma perspectiva significativa buscam perceberem-se conscientes de seus movimentos de **aprendências**, elaborando processos de auto-avaliação capazes de dar conta de suas próprias evoluções.

Utilizando a tríade conceitual *aluno-conteúdo-professor*, vejamos como César Coll (1996) nos explicita a práxis da aprendizagem significativa:

> *O fato interessante a destacar é que na própria definição do conceito de aprendizagem significativa encontramos os três elementos implicados no processo de construção do conhecimento na escola: o aluno, o conteúdo e o professor. A aprendizagem do aluno vai ser mais ou menos significativa, em função das inter-relações que se estabeleçam entre estes três elementos e aquilo que cada um deles traz – o aluno, o conteúdo e o professor – para o processo de aprendizagem. Deste modo, se é certo que o aluno é o responsável último pela aprendizagem, visto que é ele que constrói ou não os significados, é impossível entender o próprio processo de construção à margem das características próprias do conteúdo a ser aprendido e dos esforços do professor para conseguir com que o aluno construa significados relacionados com tal conteúdo.*[29]

Assim, o **ensinante** do presente possui a consciência de que é só por intermédio de atos e ações concretas que aprendizagens mais significativas podem ser vivenciadas e assimiladas. Na contemporaneidade, uma das maiores aprendizagens desejadas em nossa sociedade é o aprender a aprender, ou seja, cada um de nós, e em nós mesmos, como seres viventes, **ensinantes** e **aprendentes**, em permanente abertura à experiência e em contínua incorporação, dentro de si mesmo, dos importantes processos de mudanças e transformações.

Para isso, **crescer em grupo, ensinar e aprender significativamente, então... o que é preciso?** A meu ver:

---

[29] COLL, César. Psicologia e currículo. São Paulo: Ed. Ática, 1996, p.398.

Teoria e prática
Cotidiano
Vivência
Experiência
Registro
Tolerância
Conhecimento
Intercâmbio
Convivência com o outro: diferenças
Transferência

Caso você tenha, ou possa conseguir, antes de seguir adiante, a música "Como uma onda", de Nelson Motta/Lulu Santos, ouça-a.

Cante junto, dance, movimente-se, pense sobre todos os versos e reflita sobre suas potencialidades de fazer, de sua vida, uma tarefa importante de educar significativamente.

COMO UMA ONDA...

Nada do que foi será
De novo do jeito que já foi um dia
Tudo passa, tudo sempre passará
A vida vem em ondas como o mar
Num indo e vindo infinito
Tudo que se vê não é
Igual ao que a gente viu há um segundo
Tudo muda o tempo todo no mundo
Não adianta fugir
Nem mentir pra si mesmo
Agora
Há tanta vida lá fora, aqui dentro
Sempre como uma onda no mar
Como uma onda no mar
Como uma onda no mar

Nada do que foi será
De novo do jeito que já foi um dia
Tudo passa, tudo sempre passará
A vida vem em ondas como o mar
Num indo e vindo infinito
Tudo que se vê não é
Igual ao que a gente viu há um segundo
Tudo muda o tempo todo no mundo
Não adianta fugir
Nem mentir pra si mesmo
Agora
Há tanta vida lá fora, aqui dentro
Sempre como uma onda no mar

Como uma onda no mar
Como uma onda no mar
Como uma onda no mar
Como uma onda no mar...

*"Faz escuro mas eu canto,
porque a manhã vai chegar.
Vem ver comigo, companheiro,
a cor do mundo mudar.
Vale a pena não dormir para esperar
a cor do mundo mudar.
Já é madrugada,
vem o sol, quero alegria,
que é para esquecer o que eu sofria.
Quem sofre fica acordado
defendendo o coração.
Vamos juntos, multidão,
trabalhar pela alegria,
amanhã é um novo dia.
Faz escuro mas eu canto."
Thiago de Mello, 1966.*

PARTE VII

Educar pela emancipação humana

Para iniciarmos nossas reflexões sobre ***Educar pela emancipação humana***, vamos ler um trecho da excelente obra de Carl Rogers: ***Tornar-se pessoa***.
Vejamos:

> Por aprendizagem significativa entendo uma aprendizagem que é mais do que uma acumulação de fatos. É uma aprendizagem que provoca uma modificação, quer seja no comportamento do indivíduo, na orientação futura que escolhe ou nas suas atitudes e personalidade. É uma aprendizagem penetrante, que não se limita a um aumento de conhecimentos, mas que penetra profundamente todas as parcelas da sua existência.[30]

Ao continuarmos a defender que o ato de educar **só faz sentido se for pela emancipação humana**, uma grande carga de utopia nos faz pensar, de modo idealista, nos desejos da construção de uma outra realidade, menos perversa, mais justa, onde todos possam almejar possibilidades de mudança em suas próprias vidas a partir da aprendizagem.

---

[30] ROGERS. Carl. Tornar-se Pessoa. São Paulo: Editora Martins Fontes, 1988.

Em uma perspectiva crítica, a dimensão do desejo ganha uma forte conotação no trabalho do *ensinante do presente*: mesmo com todos os desafios enfrentados em sua cotidianidade, acredita o *ensinante do presente* na importância do seu fazer e conjuga o desejo de mudanças com intenções claras e objetivas de realizar projetos concretos e necessários à construção de novas idéias, opiniões.[31]

Assim, o *ensinante no tempo presente* é *"um fundador de mundos, pastor de projetos"* como nos ensina Rubem Alves.

O *ensinante no tempo presente* vivencia sua interioridade no intuito de que **educar só faz sentido se for pela emancipação humana** concreta porque pensa, reflete, age e prepara para a concretização dos sonhos possíveis.

O *ensinante no tempo presente* busca, em suas ações nos espaços e tempos, onde possui inserção, promover **atividades significantes,** onde seja possível existir a compreensão de sentidos e significados, em uma dialógica fomentadora de relações entre o que sabemos e o que não sabemos, construindo pontes e vínculos entre as anteriores vivências e experiências de todos nós, **ensinantes e aprendentes,** permitindo formulações e reformulações de problemas que sejam desafiantes e incentivadores para *ir além*, para aprender mais e melhor, estabelecendo relações de tipos diferentes entre:

---

[31] BEAUCLAIR, João. Educação por projetos: desafio ao educador no novo milênio. Publicado no *site* www.psicopedagogia.com.br e outro escrito sobre pedagogia de projetos: BEAUCLAIR, João. A prática de 'ensinagem' no desenvolvimento de projetos educativos: potencialidades e condições básicas. III Jornada Cientifica da UNIVERSO / II Encontro Anual de Iniciação Científica da Universidade Salgado de Oliveira. Campus São Gonçalo, RJ. Caderno de Estudos e Pesquisas da UNIVERSO, volume especial, de setembro de 2001. Este artigo também foi publicado, na íntegra, na Revista PARADOXA – Projetivas Múltiplas em Educação, UNIVERSO, vol. 8, n.º 10, 2001.

> Acontecimentos & Fatos
>
> Objetos & Noções
>
> Conceitos & Teorias

Ao estabelecer tais relações entre os acontecimentos, os fatos, os objetos e as noções e entre os conceitos e as teorias, o ***ensinante no tempo presente*** auxilia o desencadeamento das modificações de comportamentos e contribui, de forma importante, para que o que é aprendido possa ter utilização em situações diferentes, em contextos diversos. Por isso, acredito que trabalhar com aprendizagem significativa é principalmente ter a definitiva assunção que o ato humano de aprender é extremamente dinâmico, possui exigências próprias de ensino – com o direcionamento para a ampliação e o aprofundamento dos sentidos e dos significados elaborados e ocorridos na mediação do *ensinante* em ações participativas de *ensinagens* e *aprendências*.

Desta forma, ***educar pela emancipação humana*** é a permanente procura pelo desenvolvimento do ato de ensinar com a aplicação prática e cotidiana de conjuntos de ações e atividades sistemáticas, planejadas de modo cuidadoso e onde possam ser observadas coerentes articulações entre estratégias e conteúdos, por meio das quais **ensinantes e aprendentes** possam compartilhar frações cada vez maiores de sentidos e significados relacionados aos conteúdos presentes nos programas curriculares.

O ***ensinante no tempo presente*** preocupa-se com o **educar pela emancipação humana**, fortalecendo suas ações com o intuito de que seus aprendentes sejam co-participantes das atividades, das tarefas e das pesquisas a serem feitas, constituindo a formação de vínculos que aproximam os **conteúdos da escola** com os **conteúdos da vida**, relacionando as diferentes possibilidades de os **aprendentes aprenderem** por múltiplas formas e caminhos presentes na inteligência humana, favorecendo suas expressões ao fazer uso de outros meios, jeitos e modos de comunicarem o que sistematizaram.

    Educar pela emancipação humana é saber que existem diferentes modos de aprender, de ensinar, de pensar, de agir. **Educar pela emancipação humana** é perceber que uma concepção de inteligência única, quantificada e padronizada, que somente trata de comparar sujeitos diferentes, apontando tais diferenças de modo que se criem rótulos, preconceitos e estereótipos, não será de nenhuma serventia para os enfrentamentos a serem travados por todos nós, neste nosso século XXI.

Enredando idéias: (in)conclusões e conexões

Iniciar um livro ou um projeto editorial não é tão difícil, mas sempre me sinto com grandes dificuldades no momento de encerrar um trabalho de autoria. Entretanto, este está sendo muito mais fácil pelo fato de que seguiremos em frente, com os outros quatro volumes que completam este trabalho.

Ensinantes do presente, neste primeiro volume, tratou de questões essenciais ao agir e fazer o cotidiano de muitos de nós, que estamos envolvidos na tarefa educativa de nosso complexo tempo, repleto de desafios a serem vivenciados por nós. Criar novas maneiras de transmitir informações e elaborar novas técnicas de aprendizagem é tarefa de grande importância, mas nosso ofício vai além disso.

Nos espaços e tempos do aprender e do ensinar, assistimos e vamos testemunhando construções de subjetividades, onde *aprendentes* e *ensinantes* vão se revelando, bordando com os múltiplos fios dos conhecimentos, novos saberes e novas tramas, vividos nas dinâmicas de *ensinagens* e *aprendências*, compondo percursos distintos de desenvolvimentos vários. Neste movimento, enquanto *ensinantes do presente*, nós podemos assumir nossa função mediadora, com intervenções inteligentes, capazes de superar falhas, enfrentar dificuldades e celebrar cada nova conquista, cada passo dado adiante.

Ao pensarmos juntos, nesta primeira parte deste projeto sobre *ensinantes do presente*, discutimos alguns dos desafios a serem enfrentados para podermos ensinar no século XXI. *Aliar teorias e práticas, reconstruir saberes e conhecimentos, promover a autoria de pensamento* são movimentos necessários para uma educação que pretende ser impulsionadora da curiosidade propositiva, onde **ensinantes e aprendentes** se educam pela pergunta, visando às aprendizagens significativas que sejam favoráveis à emancipação humana.

Vivendo em um mundo real, nossa inserção nesta tarefa deve ser material e concreta, com uma efetiva tomada de consciência sobre nossas possibilidades cognitivas e afetivas, ***aprendendo a aprender*** e sistematizando nossa caminhada neste processo, que será sempre diferente e hesitante, porque estamos sempre recomeçando quando estamos dispostos a aprender.

Como escrevi na introdução, ***Ensinantes do presente*** é uma obra-convite. Se vocês, caríssimo leitor e caríssima leitora, chegaram até aqui, isto significa que aceitaram o convite para refletir, agir e revisar olhares sobre educação e aprendizagem.

Refaço o convite para os próximos volumes: ***Ensinantes do presente*** *Volume II: Ensinar é aprender,* ***Ensinantes do presente*** *Volume III: Ensinar é compartilhar utopias,* ***Ensinantes do presente*** *Volume IV: Ensinar em uma perspectiva humanística e* ***Ensinantes do presente*** *Volume V: Ensinar é ter um projeto de vida*, produzidos com o mesmo desejo do compartilhar saberes com formadores de pessoas, independentemente do *espaçotempo* onde exerçam este ofício, desde ***ensinantes*** na educação infantil até os que são ***ensinantes*** em cursos de especialização *stricto sensu*.

Mais uma vez, repito que, para continuar esta *tecelagem*, disponibilizo-me ao intercâmbio e à alegria de fazer novas amizades com quem se interessa por tão interessante tema: ***aprendizagem humana. Façamos novas conexões!***

Saúde e paz para tod@s!

Posfácio:
Regina Rosa dos Santos Leal[32]

E assim vai o João Beauclair...

Instigando, articulando, compartilhando! Proporcionando trocas e convocando todos à nossa responsabilidade de educar pela emancipação humana. Eta criatura incansável, não sossega um minuto! Fala de tempos, fala de espaços, do real e do virtual.

Sua linguagem imagética e midiática nos convida a sermos autores da diversidade textual e oportuniza a criação inovadora.

Lá vem o João de novo. Perguntando:

É possível educar para um mundo novo?

É possível ser um educador do tempo presente?

Por que fazer essa escolha?

Para quem fazer?

Como ser educador do presente?

O que fazer?

Eta criatura impossível!

---

[32] *Regina Rosa dos Santos Leal* é Mestre em Educação, Psicopedagoga, Professora de Psicologia da Educação e Metodologia de Ensino da UEMG Universidade do Estado de Minas Gerais e do Centro Universitário Uni-BH. Fundadora e atual presidente da Seção Minas Gerais da Associação Brasileira de Psicopedagogia ABPp, gestão 2004-2007.

Só assim mesmo para fazer a gente perceber que é possível ser esse educador do tempo presente, retomando a visão construtivista de Piaget, a postura sociointeracionista de Vygotsky, as idéias mediadoras de Reuven Feuerstein e de teóricos, como ele, da Psicopedagogia. E não podemos nos esquecer: dos belos filmes que nos remetem à reflexão, das belas pinturas de Picasso, Tarsila e Portinari, das músicas do Noel, Ataulfo, Chico Buarque, Vinícius, Gabriel Pensador e tantos outros...

Vai João, segue o seu caminho que muita gente aprende e vai atrás...

Que Deus te abençoe!...

Regina Rosa dos Santos Leal
Belo Horizonte, julho de 2007.

Relações de *Workshops* e temas de palestras, conferências e oficinas do autor

Acesse o *site* www.profjoaobeauclair.net para mais informações.

Temas educacionais e psicopedagógicos:
- "Me vejo no que vejo": o olhar na práxis educativa e psicopedagógica.
- Do fracasso escolar ao SUCESSO na aprendizagem: proposições psicopedagógicas.
- (Con)vivências do corpo à alma: aprendizagem e vida nas dinâmicas para o bem viver.
- Para entender Psicopedagogia: perspectivas atuais, desafios futuros.
- Psicopedagogia: trabalhando competências, criando habilidades.
- Ensinantes do presente: ensinar é acreditar.
- Ensinantes do presente: ensinar é aprender.
- Incluir, um verbo/ação necessário à inclusão: pressupostos psicopedagógicos.
- Educação & Psicopedagogia: ensinar e aprender nos movimentos de autoria.
- MOP Dinâmicas de Grupo no trabalho do psicopedagogo.
- Administrando o *deficit* de atenção em casa e em sala de aula: dicas práticas para pais e professores.
- Curso livre de Educação em Direitos Humanos.
- Subjetividade e Objetividade: o Corpo e o Olhar desvelando a trama do Ser e do Saber Humano.
- Afetividade, subjetividade e objetividade em Educação.
- Metodologia de trabalho com projetos: desenho de projetos educativos.

• Auto-regulação da aprendizagem: uma questão para o cotidiano escolar em ação.
• Experiência de aprendizagem mediada e desenvolvimento cognitivo: uma introdução ao PEI (Programa de Enriquecimento Instrumental de Reuven Feuerstein).
• Direitos e valores humanos na sala de aula: ética e transversalidade aplicadas.
• Competências e habilidades em Psicopedagogia: desafios à formação pessoal e profissional.
• Introdução a MOP (Metodologia de Oficinas Psicopedagógicas): vivências, aprendências e ensinagens significativas.

Temas organizacionais:
• Gestão do conhecimento, Gestão de pessoas e Inteligência nos espaços organizacionais: pressupostos básicos.
• Aprendizagem organizacional e Gestão do conhecimento: desafios às relações humanas.
• Inteligência emocional, aprendizagem mediada e pensamento construtivo.
• Mapas mentais: técnicas básicas para geração de idéias e criatividade.
• O mundo do trabalho no século XXI: palavras-chave.
• Sentipensar: novos modos de ser e estar nos espaços e tempos organizacionais.
• Crescimento em Grupo: Oficina Psicopedagógica de Formação Humanística (organizações, empresas, ONGs e grupos comunitários).
• Motivação: atitude positiva para mudar.
• Metodologia de mapas conceituais: estratégias de ressignificação do pensar.
• Dinâmicas de grupo no cotidiano das instituições: práticas vivenciais com aprofundamento teórico.
• Gestão da Diversidade e Educação Corporativa: visões psicopedagógicas para o espaço das organizações(empresas, Ongs, fundações, escolas, universidades).
• Jogando em time: cooperação no mundo do trabalho.

"Toda bibliografia deve refletir uma intenção fundamental de quem a elabora: a de atender ou a despertar o desejo de aprofundar conhecimentos naqueles ou naquelas a quem é proposta. Se falta, nos que a recebem, o ânimo de usá-la, ou se a bibliografia em si mesma, não é capaz de desafiá-los, se frustra, então, a intenção fundamental referida.

Esta intenção fundamental de quem faz a bibliografia lhe exige um triplo respeito: a quem ela se dirige, aos autores citados e a si mesmos.

Uma relação bibliográfica não pode ser uma simples cópia de títulos, feita ao acaso. Ou por ouvir dizer. Quem sugere deve saber o que está sugerindo e por que o faz.

Quem a recebe, por usa vez, deve ter nela, não uma prescrição dogmática de leituras, mas um desafio. Desafio que será mais concreto na medida em que comece a estudar os livros citados e não a lê-los por alto, como se folheasse, apenas.

Estudar é, realmente, um trabalho difícil. Exige de quem o faz uma postura crítica, sistemática. Exige uma disciplina intelectual que não se ganha a não ser praticando-a."

Paulo Freire [33]

---

[33] Escrito em 1968, no Chile, este texto serviu de introdução à relação bibliográfica que foi proposta aos participantes de um seminário nacional sobre educação e reforma agrária.

Referências

Livros para ensinar algo mais aos *ensinantes do presente*:

ABROMOVICH, Fanny. *Que raio de professora sou eu?* São Paulo: Editora Scipione, 1991.

ALLESSANDRINI, Cristina Dias. *Oficina criativa e Psicopedagogia*. São Paulo: Casa do Psicólogo, 1996.

ALLESSANDRINI, Cristina Dias. *O Elemento Criador na Aprendizagem*. In: Psicopedagogia. Revista da Associação Brasileira de Psicopedagogia, vol. 13, n.º 28, p.23-24, São Paulo, janeiro de 1994.

ALVES, Maria Dolores Fortes. *De professor a educador. Contribuições da Psicopedagogia: ressignificar os valores e despertar a autoria*. Rio de Janeiro: WAK Editora, 2006.

ALVES, Rubem. O preparo do educador. In: BRANDÃO, C. R.. *O educador: vida e morte*. Rio de Janeiro: Editora Graal, 1982.

ALVES, Nilda. *Trajetórias e redes na formação de professores*. Rio de Janeiro: DP&A Editora, 1998.

ALVES, Nilda. (org). *Formação de professores: pensar e fazer*. São Paulo: Editora Cortez, 1996.

ALVES, Nilda. *et alii. Múltiplas leituras da nova LDB*. Rio de Janeiro: Dunya Editora, 1999.

ANDRADE, Márcia Siqueira de. *Psicopedagogia Clínica: Manual de aplicação prática para diagnóstico dos distúrbios do aprendizado*. São Paulo: Pollus, 1998.

ANDRADE, Márcia Siqueira de. *A escrita inconsciente e a leitura do invisível: Contribuição às* bases teóricas da Psicopedagogia. São Paulo: Memnon, 2002.

ANDRADE, Márcia Siqueira de. *Ensinante e aprendente: a construção da autoria de pensamento.* Construção Psicopedagógica. Vol.14, n.º 11. São Paulo: dez. 2006.

ASSMANN, Hugo. *Metáforas Novas para Reencantar a Educação.* Piracicaba: Editora Unimep, 1996.

ASSMANN, Hugo. *Reencantar a Educação: rumo à sociedade aprendente.* Petrópolis: Editora Vozes, 1998.

ASSMANN, Hugo e SUNG, Jung Mo. *Competência e sensibilidade solidária: educar para a esperança.* Petrópolis: Editora Vozes, 2000.

ATHAYDE, Austregésilo de e IKEDA, Daisuku. *Diálogo: direitos humanos no século XXI.* Rio de Janeiro: Editora Record, 2000.

BACHELARD, Gaston. *O Direito de Sonhar.* São Paulo: DIFEL, 1986.

BACHELARD, Gaston. *O novo espírito científico.* Rio de Janeiro: Editora Tempo Brasileiro, 1968.

BARTHES, Rolan. Aula. São Paulo: Editora Cultrix, 1997.

BEAUCLAIR, João. *Psicopedagogia: trabalhando competências, criando habilidades.* Coleção Olhar Psicopedagógico. Rio de Janeiro: Editora WAK, 2004 (segunda edição, 2006).

BEAUCLAIR, João. *Para entender Psicopedagogia: perspectivas atuais, desafios futuros.* Rio de Janeiro: Editora WAK, 2006.

BEAUCLAIR, João. Incluir, um verbo/ação necessário à Inclusão: pressupostos psicopedagógicos. São José dos Campos: Pulso Editorial, 2007.

BEAUCLAIR, João. Olhar, ver, tecer: a busca permanente da teoria no campo psicopedagógico. *In.* SCOZ, Beatriz *et al.* (org) Psicopedagogia: contribuições para a educação pós-moderna, Petrópolis: Editora Vozes, 2004.

BEAUCLAIR, João. *Autoria de pensamento, aprendências e ensinagens: novos modelos e desafios na produção de conhecimento em Psicopedagogia.* Publicado no *site* da Associação Brasileira de Psicopedagogia. www.abpp.com.br.

BEAUCLAIR, João. *Aprendizagem significativa e construção de diários de bordo: configurando registros na práxis de formação em psicopedagogia.* Santa Rita do Sapucaí: Revista Científica da FAI, vol. 5, número 1, 2005.

BEAUCLAIR, João. *Educação por projetos: desafio ao educador no novo milênio.* publicado no site www.psicopedagogia.com.br

BEAUCLAIR, João. *A prática de 'ensinagem' no desenvolvimento de projetos educativos: potencialidades e condições básicas.* III Jornada Científica da UNIVERSO / II Encontro Anual de Iniciação Científica da Universidade Salgado de Oliveira. Campus São Gonçalo, RJ. Caderno de Estudos e Pesquisas da UNIVERSO, volume especial, de setembro de 2001.

BOFF, Leonardo. *A águia e a galinha: uma metáfora da condição humana.* Petrópolis: Editora Vozes, 1997.

BOFF, Leonardo. *O despertar da águia. O dia-bólico e o sim-bólico na construção da realidade.* Petrópolis: Editora Vozes, 1998.

BOFF, Leonardo. *Saber cuidar: ética do humano, compaixão pela terra.* Petrópolis: Editora Vozes, 1999.

BOFF, Leonardo. *A oração de São Francisco: uma mensagem de paz para o mundo atual.* Rio de Janeiro: Editora Sextante, 1999.

BOFF, Leonardo. *Tempo de Transcendência: o ser humano como projeto infinito.* Rio de Janeiro: Editora Sextante, 2000.

BORDENAVE, Juan E. E. *O que é Participação.* São Paulo: Brasiliense, 1983.

BORGES, Aglael Luz. (Org) *Te-sendo fios de conhecimento: o paradigma, a construção do ser e do saber.* Rio de Janeiro: Editora Uapê, 2005.

BRANDÃO, Carlos R. *Educação Popular.* São Paulo: Brasiliense, 1984.

BRANDÃO, Carlos R. *Saber e Ensinar.* 1.ª ed. *Campinas:* Papirus, 1986.

BRANDÃO, Dênis M. S. e CREMA, Roberto. *Visão holística em psicologia e educação.* São Paulo: Summus Editorial, 1991.

BUZZI, Arcângelo R. *Introdução ao Pensar: o ser, o conhecer, a linguagem.* Petrópolis: Editora Vozes, 1973.

CAPRA, Fritoj. *O Tao da Física: um paralelo entre a Física Moderna e o Misticismo Oriental.* São Paulo: Editora Cultrix, 1994.

CAPRA, Fritoj. *O Ponto de Mutação: a Ciência, a Sociedade e a Cultura emergente.* São Paulo: Editora Cultrix, 1996.

CECCON, Claudius *et alii. A vida na escola e a escola da vida.* Petrópolis: Editora Vozes, 1982.

CECCON, Claudius *et alii. Cuidado, Escola!: desigualdade, domesticação e algumas saídas.* São Paulo: Editora Brasiliense, 1986.

DELORS, Jacques (org.). *Educação: um tesouro a descobrir.* São Paulo: Cortez/UNESCO, 1998.

DEMO, Pedro. *Educar pela pesquisa.* Campinas: Autores Associados, 2000.

DEMO, Pedro. *Desafios Modernos da Educação.* Petrópolis: Vozes, 1996.

DEMO, Pedro. *Política social, educação e cidadania.* Campinas: Papirus, 1994.

DEMO, Pedro. *Pesquisa e construção do conhecimento.* Rio de Janeiro: Editora Tempo Brasileiro, 2000.

DEVAL, Juan. *Aprender na vida e aprender na escola.* Porto Alegre: Editora Artes Médicas, 2001.

DIAS, José Augusto. *Gestão da escola fundamental.* São Paulo: Cortez/UNESCO/MEC, 1993.

FERNÁNDEZ, Alicia. *O saber em jogo: a psicopedagogia propiciando autorias de pensamento.* Porto Alegre: Editora ARTMED, 2001.

FERNANDEZ, Alicia. *Investigar? Descobrir? Encontrar? Explicar? Entender?* E. PSI. B. A. Psicopedagogia, Buenos Aires: n.º 11, p.30-49, maio. 2004.

FERREIRA, Francisco W. *Planejamento Sim e Não.* Rio de Janeiro: Paz e Terra. 1983.

FREIRE, Paulo. *A pedagogia dos sonhos possíveis.* São Paulo: Editora Unesp, 2001.

FREIRE, Paulo. *Conscientização.* São Paulo: Moraes, 1980.

FREIRE, Paulo. *Educação Como Prática da Liberdade.* Rio de Janeiro: Paz e Terra, 1974.

FREIRE, Paulo. *Pedagogia do Oprimido.* Rio de Janeiro: Paz e Terra, 1983.

FREIRE, Paulo. *A Importância do ato de ler*. São Paulo: Cortez, 1986.

FREIRE, Paulo. *Educação e Mudança*. São Paulo: Paz e Terra, 1979.

FREIRE, Paulo. *Pedagogia da Autonomia: saberes necessários à prática educativa*. São Paulo: Editora Paz e Terra, 1996.

GADOTTI, Moacir. *Escola cidadã*. São Paulo: Cortez, 1993.

GADOTTI, Moacir. *Educação e Compromisso*. Campinas: Papirus. 1986.

GADOTTI, Moacir. Da palavra a ação. *In.* INEP. *Educação para todos: a avaliação da década*. Brasília: MEC/INEP, 2000.

GENTILI, Pablo & ALENCAR, Chico. *Educar na esperança em tempos de desencanto*. Petrópolis: Editora Vozes, 2003.

GUENTHER, Zenita Cunha. *Educando o ser humano: uma abordagem da Psicologia humanista*. Campinas, São Paulo: Mercado das Letras; Lavras: Minas Gerais, Universidade Federal de Lavras, 1997.

GUTIÉRREZ, Francisco e PRADO, Cruz. *Ecopedagogia e cidadania planetária*. Guia da Escola Cidadã vol. 3. São Paulo: Instituto Paulo Freire/Cortez Editora, 2000.

GUTIERREZ, Francisco. *Linguagem Total*. São Paulo: Summus, 1978.

HALL, Stuart. *A identidade cultural na pós-modernidade*. Rio de Janeiro: DP& A, 1999.

LÉVY, Pierre. *As Tecnologias da Inteligência: o futuro do pensamento na era da informática*. Rio de Janeiro: Editora 34, 1994.

LÉVY, Pierre. *Inteligência coletiva: por uma antropologia do ciberespaço*. São Paulo: Loyola, 1999.

MATURANA, Humberto. *A ontologia da realidade*. Belo Horizonte: Editora da UFMG, 2001,

MATURANA, Humberto e VARELA, Francisco J. *A árvore do conhecimento: as bases biológicas da compreensão humana*. São Paulo: Editora Palas Athena.

MASINI, Elcie F. Salzano (Org). *Psicopedagogia na escola: buscando condições para a aprendizagem significativa*. São Paulo: Unimarco, 1993

MORAN, José Manuel. *Mudar a forma de ensinar e de aprender com tecnologias*. Revista Tecnologia Educacional. Rio de Janeiro, vol. 23, n.126, setembro-outubro 1995.

MORAN, José Manuel et al. *Novas Tecnologias e mediação pedagógica*. Campinas: Papirus, 2000.

MORAES, Maria Cândida. *Educar na biologia do amor e da solidariedade*. Petrópolis: Editora Vozes, 2003.

MORAES, Maria Cândida. *O paradigma educacional emergente*. Campinas: Papirus, 1997.

PEREIRA, Octaviano. *O que é Teoria*. São Paulo: Brasiliense, 1982.

PIAGET, Jean. *Epistemologia Genética*. São Paulo: Martins Fontes, 1990.

READ, Herbert. *A Redenção do Robô*. São Paulo: Summus, 1986.

RODRIGUES, Neidson. *Por uma nova escola: o transitório e o permanente na educação*. São Paulo: Cortez, 1994.

ROGERS. Carl. *Tornar-se Pessoa*. São Paulo: Editora Martins Fontes, 1988.

SANTOS, Boaventura de Sousa. *Introdução a uma ciência pós-moderna*. Rio de Janeiro: Graal Editora, 1989.

SANTOS, Boaventura de Sousa. *Pela mão de Alice: o social e o político na pós-modernidade*. Porto, Portugal: Edições Afrontamento, 1994.

SANTOS, José Luiz. *O Que é Cultura*. São Paulo: Brasiliense. 1986.

SAVIANI, Dermeval. *Escola e Democracia*. São Paulo: Cortez, 1983.

SAVIANI, Dermeval. *Educação do Senso Comum à Consciência Filosófica*. São Paulo: Cortez, 1980.

SAVIANI, Dermeval. *Escola e Democracia*. Campinas: Autores Associados, 2003.

SAVIANI, Dermeval. *Pedagogia Histórico-crítica: primeiras aproximações*. Campinas: Autores Associados, 2000.

SENGE, Peter M. *A quinta disciplina: arte, teoria e prática da organização de aprendizagem*. São Paulo: Círculo do Livro, 1990.

TORRES, Rosa Maria. *Educação para Todos: a tarefa por fazer*. Porto Alegre: ARTMED Editora, 2001.

TRAGTENBERG, M. *Relações de Poder na Escola*. São Paulo: Cortez, 1985.

VALLEJO, João M. B. *Uma escola com projeto próprio*. Rio de Janeiro: DP&A Editora, 2002.

VASCONCELOS, Celso dos S. *Construção do Conhecimento em sala de aula*. São Paulo: Libertad, 1995.

VEIGA, Ilma Passos A. *Projeto político-pedagógico da escola: uma construção possível*. Campinas: Papirus, 2002.

WEIL, Pierre. *Organizações e tecnologias para o terceiro milênio: a nova cultura organizacional holística*. Rio de Janeiro: Rosa dos Ventos, 1992.

WERNECK, Hamilton. *Ensinamos Demais Aprendemos de Menos*. Petrópolis: Editora Vozes, 1987.

Websitegrafia

http://www.profjoaobeauclair.net
http://www.educacional.com.br
http://www.janehaddad.com.br
http://www.saude.gov.br
http://www.novamerica.org.br
http://www.psicologia.pt
http://www.assistenciasocial.gov.br
http://www.abpp.com.br
http://www.fundacaoaprender.org.br
http://www.ribeirodovalle.com.br
http://www.direcionalescolas.com.br
http://www.psicologiabrasil.com.br
http://www.saude.gov.br
http://www.abceducactio.com.br
http://www.psicopedagogia.com.br
http://www.presidencia.gov.br
http://www.pgr.mpf.gov.br
http://www.fundacaoorsa.org.br
http://www.aacd.org.br
http://www.entreamigos.com.br
http://www.saci.org.br

http://www.mec.gov.br
http://www.escoladegente.org.br
http://www.fae.unicamp.br
http://www.conteudoescola.com.br
http://www.hamiltonwerneck.com.br
http://www.ndpc.com.br
http://www.pensamentobiocentrico.com.br
http://www.rieoei.org
http://www.celsoantunes.com.br
http://www.educacional.com.br
http://novaescola.abril.com.br
http://www.centrorefeducacional.com.br
http://www.bndes.gov.br
http://www.caleidoscopio.aleph.com.br
http://pt.wikipedia.org

Conheça também da Wak Editora

50 Dinâmicas no Enfoque Holístico – Eliane Porangaba Costa

Ana e o Dr. Finkelstein – um caso tratado com filosofia clínica – Lúcio Packter

A Criança e a Arte – o dia-a-dia na sala de aula – Aurora Ferreira

A Descoberta da Criança – Introdução à educação infantil – Mary Sue Pereira

Adolescência, Escola e Prevenção – Dinâmicas sobre a sexualidade e as drogas – Lúcia Fonseca Araujo e D´mare Carvalho

Arteterapia com Crianças – Vanessa Coutinho

Arteterapia Métodos e Processos – Angela Philippini

Autoridade dos Pais e Educação da Liberdade – Haim Grunspun

Bases da Psicopedagogia – Diagnóstico e Intervenção nos problemas de aprendizagem – Olivia Porto

Brincar e Viver – Projetos em Educação Infantil – Ivanise Corrêa Rezende Meyer

Brincando na escola, no hospital na rua – Edda Bomtempo, Elsa G. Antunha e Vera B. de Oliveira (Orgs)

Bruxas e Fadas – org. Luciana Pellegrini

Como Aplicar a Psicomotricidade – Org. Fátima Alves

Competências e Habilidades – Da teoria à prática Org. Maria Cristina de Mello e Amélia E. A. Ribeiro

Criança e Arte – Aurora Ferreira

Criatividade em Arteterapia – pintando & desenhando... – Edna Chagas Christo / Graça M. D. Silva

Contar Histórias com Arte – Autora Ferreira

De Professor a Educador – Maria Dolores Fortes

Distúrbios de Aprendizagem/Comportamento – Lou de Olivier

Educação Ambiental Consciente – Org. Carly Machado

Educação Ambiental e Desenvolvimento Comunitário – Vilson Sérgio de Carvalho

Educação Para a Paz – Promovendo valores humanos na escola através da educação física e jogos cooperativos – Carlos Velázquez Callado

Em busca da Transformação – a filosofia pode mudar a sua vida – Waldir Pedro

Ensinar Brincando – a aprendizagem pode ser uma grande brincadeira – Diva Maranhão

Escola não é Circo, Professor não é Palhaço – Lilian Lima

Família e Aprendizagem – Org. Fabiani Portella

Filosofia Clínica e Educação – atuação do filósofo no cotidiano escolar – Monica Aiub
Fundamentos Biológicos da Educação – Despertando Inteligências e Afetividade – Marta Pires Relvas
História da Psicopedagogia e da ABPp no Brasil – Maria Irene Maluf (org.)
Inclusão – muitos olhares, vários caminhos e um grande desafio – Fátima Alves
Letramento – Significados e tendências – Maria Cristina de Mello e Amélia E. A. Ribeiro (Orgs.)
Mais Alfabetização: o prazer de aprender – Luiza Elena L. Ribeiro do Valle
Para Entender Arteterapia: Cartografias da coragem – Angela Philippini
Para Entender Filosofia Clínica – o apaixonante exercício do filosofar – Monica Aiub
Pedagogia do Amor – Caminho da libertação na relação professor-aluno – Nilson Guedes de Freitas
Pedagogia Empresarial: a atuação do pedagogo na empresa – Amélia Escotto A. Ribeiro
Pedagogia Levada a Sério – Org. Vilson S. Carvalho
Pintando sua Alma: Método de desenvolvimento da personalidade criativa – Susan Bello
Política Educacional – Antonio Ney
Produção de Textos nas Séries Iniciais: desenvolvendo as competências da escrita – Geraldo P. de Almeida
Professor Acredite em Si Mesmo – Hamilton Werneck
Projeto de Pesquisa: Guia prático para monografia – Marco Antonio Chaves
Psicomotricidade: Corpo, Ação e Emoção – Fátima Alves
Psicopedagogia: Trabalhando Competências, Criando Habilidades – João Beauclair
Reencantamentos – para libertar histórias – Angela Philippini
Sonhar, Pensar e Criar: A educação como experiência estética – Lindomar Goldschmidt
Técnicas de Dinâmica: Facilitando o trabalho com grupos – Eliane Porangaba Costa
Temas atuais em Pedagogia Empresarial – Aprender para ser competitivo - Amélia Escotto A. Ribeiro
Teoria e Prática em Psicomotricidade – Jogos, atividades lúdicas, expressão corporal e brincadeiras infantis - Geraldo P. Almeida
Terapia Familiar: Mitos, Símbolos e Arquétipos – Paula Boechat

wak editora

Acesse o *site*: www.wakeditora.com.br
e mail: wakeditora@uol.com.br